今がチャンス!

社長の想いを引き継ぐ 事業承継の進め方

［監修］飯島彰仁（古田土経営 代表取締役社長）

［共同監修］中小企業の事業承継を支援する士業の会

［著］エッサム

あさ出版

はじめに～会社の輝かしい未来のために

中小企業の経営者の年齢で、いちばん多いのは何歳だと思われますか。２０１５年の統計では、66歳とされています（19ページ下図）。「そんなものか」と感じるかもしれません。しかし驚くべきことに、１９９５年に経営者のいちばん多い年齢は47歳でした。20年で、これだけ年齢が上がってしまっていたのです。

国は、中小企業の事業承継が喫緊の課題であるとしています。数々の施策を作り、事業承継の後押しを進めてきました。この問題を放置すると、日本経済に与える影響があまりにも大きいからです。

もちろん、よい意味ではありません。このままだと２０２５年には経営者の64％にあたる人が70歳以上になるとされています。廃業も進むため、約６５０万人の雇用が失われ、約22兆円のＧＤＰ損失につながるとすら言われているほどです。
事業承継は、まさに〝待ったなし〟の状態と言えます。

２０２０年には、さらなる問題も加わりました。新型コロナウイルスの流行です。リモートワークを中心として働き方を変えざるを得ない、営業スタイルを変えざるを得ないという状況のなかで、これまで経営者として積み重ねてきた経験が活かせないシーンが増えてしまっています。

昨今からさかんに叫ばれているＤＸ（デジタル・トランスフォーメーション）によるビジネスモデルの変革も迫られ、「このタイミングで」と考える経営者が増えているのです。先の見えない時代に事業を安定させ、お客様、社員の生活を守るためにも、若い世代への事業承継が求められています。

ただ残念なことに、現在、巷で取り上げられる事業承継ノウハウには問題があります。「相続税をいかに安くするか」だけが取りざたされていたり、「Ｍ＆Ａでいかに高く売却するか」という話ばかりになっていたりすることです。

本来、事業承継は「将来にわたって会社が安定した成長を続けること」「それによって社員の雇用・生活を守ること」などが目的のはず。会社の永続的な発展を願ってするのが事業承継でしょう。さらに、「引退する社長の第二の人生もハッピーなものであること」も同時に実現しなければいけません。

そのために何より必要なのは、「経営権の承継」です。社長の想い、経営理念などを後継者にしっかりと伝え、会社のあり方、仕事についての考え方などを未来永劫、引き継ぐことで、会社の繁栄の礎《いしずえ》とします。

もちろん「財産権の承継」も忘れてはいけません。その想いと共に上手に財産を引き継ぐことで、これからの会社の成長を支える仕組みになります。

本書は、「経営権」と「財産権」という2つの面から、いかに事業承継を進めていくかについて紹介しています。事業承継は、経営者の最後の大仕事です。後継者を育て、会社に再度、新鮮なエネルギーを吹き込むことです。

本書が、長い時間、人生をかけてきた会社の将来を切り開くきっかけになれば幸いです。御社のさらなるご発展をお祈りしております。

２０２１年３月

中小企業の事業承継を支援する士業の会

第1部 事業承継のあり方
～「経営権」の承継とは理念を引き継ぐこと～

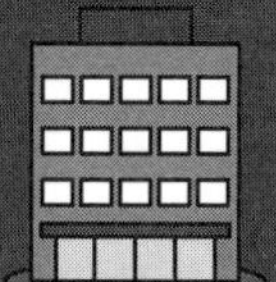

第1章 社長という仕事を教えていますか？

第2章 先代と後継者の相互理解を深める

第3章 後継者を育てる

第4章 事業承継のスケジュールを理解する

第2部 事業承継の実務
～「財産権」の承継は株式から考える～

第1章 事業承継の準備を始めるなら今！

第2章 タイプ別 実務の進め方① 相続対策型（現社長年齢・高 親族・内）

第3章 タイプ別 実務の進め方② 価値算定型（現社長年齢・高 親族・外）

プロローグ

事業承継の課題と、今現場で起きていること

１

なぜ今、事業承継が問題となっているのか

日本の企業数は、約４２１万にのぼります。このうち、大企業は約１・２万社。約０・３%ほどの割合です。

残りの約４１９・８万社、実に99・７%が中小企業なのです。中小企業は、日本経済を支える存在と言って過言ではありません。

ところが現在、中小企業は多くの問題を抱えています。その一つが事業承継問題です。特に次の２つのポイントから、事業承継が困難になってきています。

ポイント①経営者の高齢化

19ページ上図は、引退年齢が上昇傾向にあることを示しています。そのことを裏づける

● 規模別・事業承継時期別の経営者の平均引退年齢の推移 ●

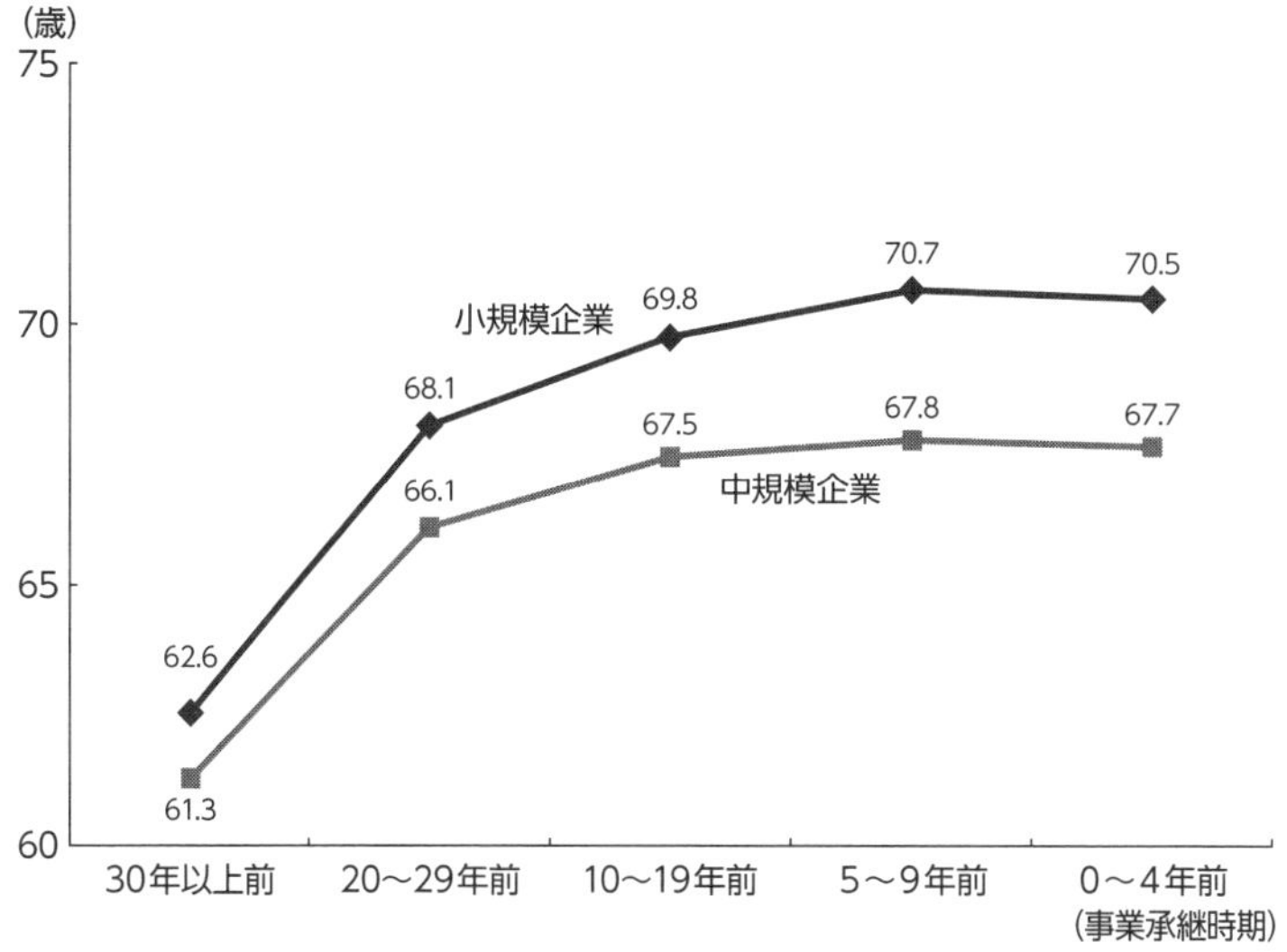

資料：中小企業庁委託「中小企業の事業承継に関するアンケート調査」(2012年11月、(株)野村総合研究所)

● 年代別に見た中小企業の経営者年齢の分布 ●

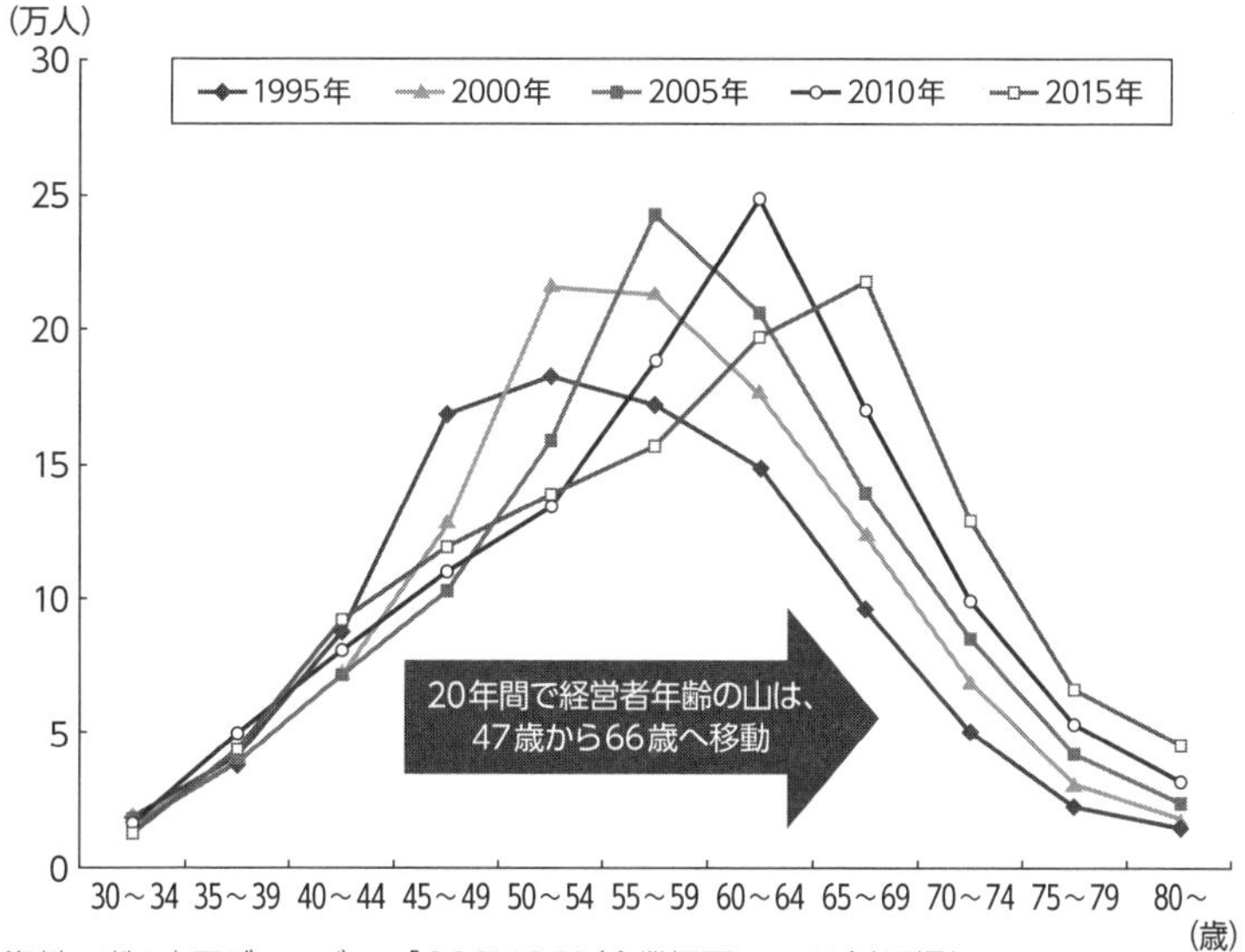

資料：(株)帝国データバンク「COSMOS2(企業概要ファイル)」再編加工

かのように、19ページ下図では、経営者の高齢化が進んでいることが見て取れます。1995年には経営者年齢のピークが47歳だったのに対して、2015年のピークは66歳になっているからです。

中小企業は社長と一心同体の存在です。良くも悪くも経営者の能力や意欲に大きく影響を受けます。経営者の高齢化によって、肉体的な疲れや意欲の低下などがあれば、経営に悪影響を及ぼしてしまいます。

現在は団塊の世代が70代となっていて、事業承継という問題が表出し続けています。なかには、精神的、肉体的に限界を感じた経営者が、あわてて対応をすることもあるようです。ただし十分な準備、対策を欠いてしまうと、事業承継がスムーズにいかない、または承継後に問題が起きるケースも出てしまいます。

さらに、中小企業・小規模事業者の経営者のうち、2025年までに70歳を超える人が約245万人と言われています。事業承継は、中小企業にとって喫緊の課題と言えるほど、差し迫った状態にあるわけです。

中小企業・小規模事業者の経営者の2025年における年齢

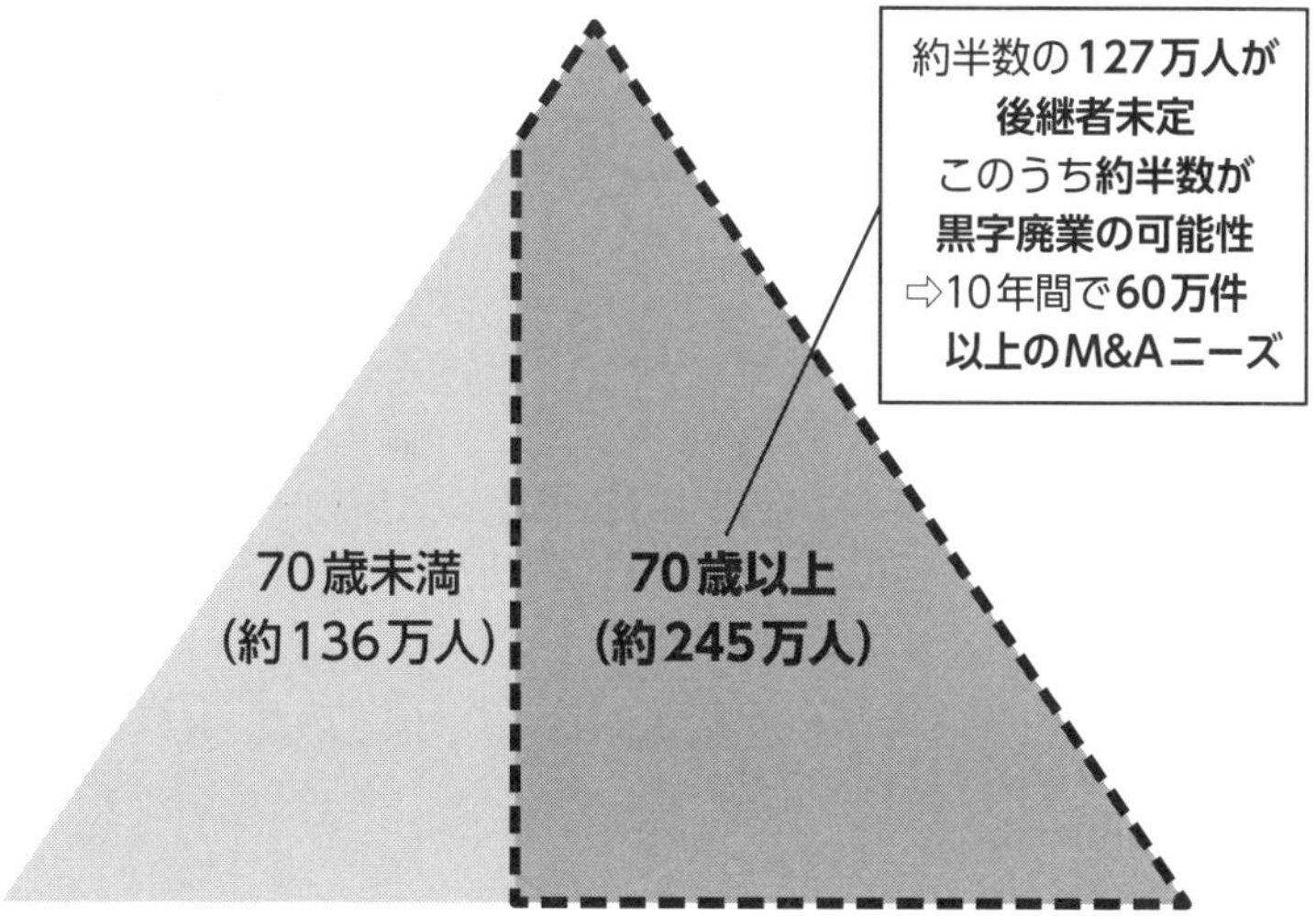

平成28年度総務省「個人企業経済調査」、
平成28年度(株)帝国データバンクの企業概要ファイルから推計

ポイント②後継者候補の不在

「それならすぐに承継すればいい」というわけにもいかない事情もあります。後継者候補の問題です。

上図を見ると、2025年に70歳以上を迎える経営者約245万人のうち、約半数の127万人が後継者未定とされています。

昔の日本では、自営業や中小企業は世襲的な面がありました。父親が起こした事業を息子が継ぐという形が一般的だったわけです。

ところが現在は、創業者も自分の子供が自由に職業を選択することを推奨するケースが増えてきました。「お前はお前のやりたいことをやれ」というタイプです。子供に高度な教育を与え、大企業に就職することも多く、親の事業を継ぐきっかけがないまま時間が経ってしまうパターンもあります。

事業承継を急ぐ理由

そうはいっても、経営者は最先端のアプリケーションを使いこなす必要はありませんし、力作業をするわけでもありません。

トップの仕事とはそういうもので、アメリカの共和党ドナルド・トランプ氏が大統領に就任したのは70歳のときですし、ジョー・バイデン氏の就任時年齢はこれまで最高の78歳となります。

しかし、「中小企業の経営者が年を重ねても大丈夫」と言い切れない事情があります。**経営者が高齢である企業ほど、経常利益が減少する傾向がある**からです。経営者が70歳以上の企業に至っては、約7割が減少傾向という驚くべきデータも出ています（23ページ上図）。

規模別・経営者年齢別の経常利益の状況

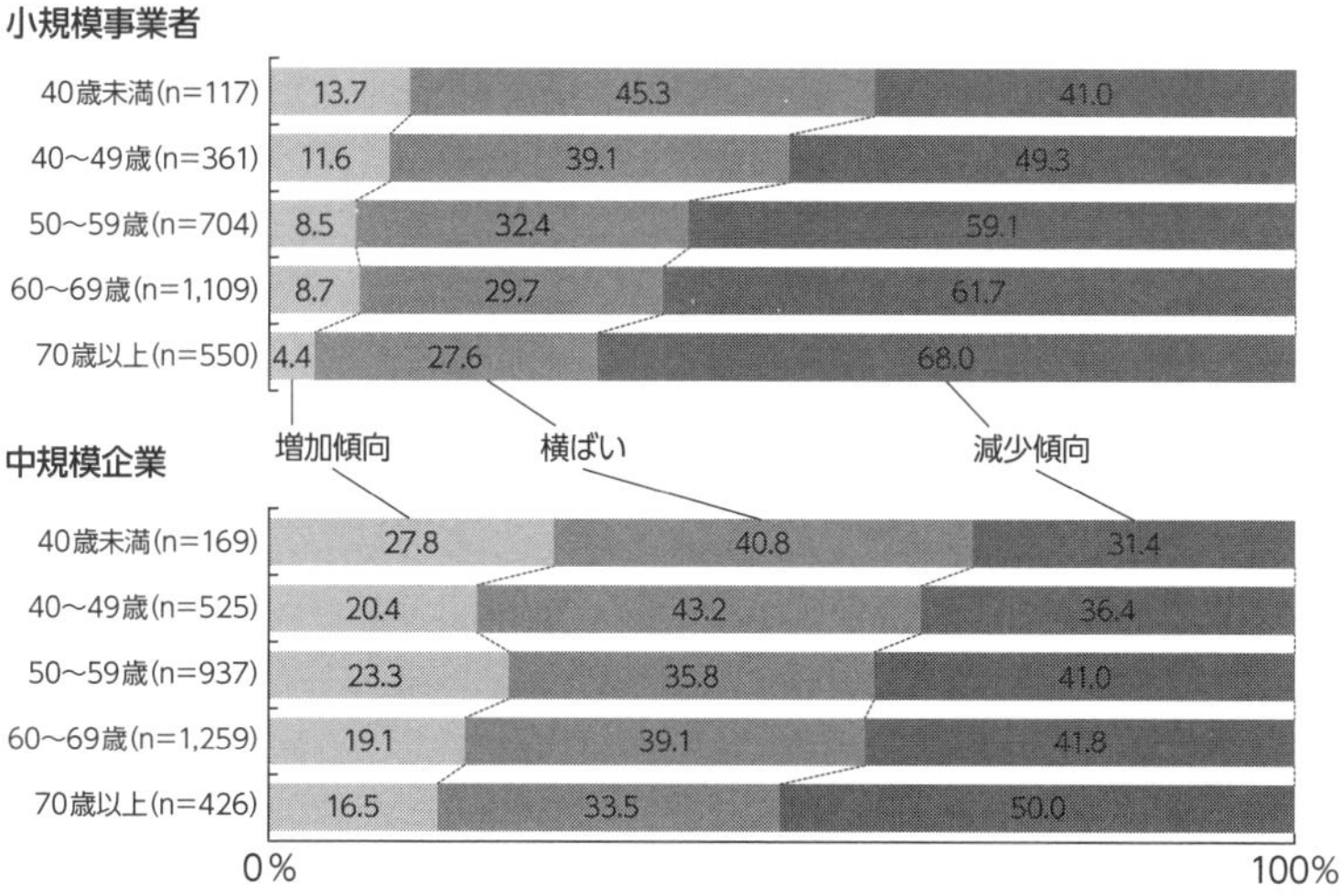

*資料：中小企業庁委託「中小企業の事業承継に関するアンケート調査」(2012年11月、(株)野村総合研究所)
*注：最近5年間の経常利益(個人企業の場合は事業所得)の状況についての回答

たしかに、経営者は年を重ねてもできる仕事ですが、高齢化は業績悪化につながるおそれがあるということです。

要因として考えられるのは、体力の低下、またそれに伴う意欲の低下、市場への対応などがあります。

実際、事業承継した企業は、業績推移が「悪くなった」と回答する割合より**「良くなった」と回答する割合が上回っています。**経営者の世代交代は、おおむね業績によい影響を与えると考えてよいでしょう。

さらに注目したいのは、事業承継をした際、**後継者（現経営者）が若いほど「承継後の業績が向上する」傾向がある**ことです（24ペー

○ 事業承継時の現経営者年齢別の事業承継後の業績推移 ○

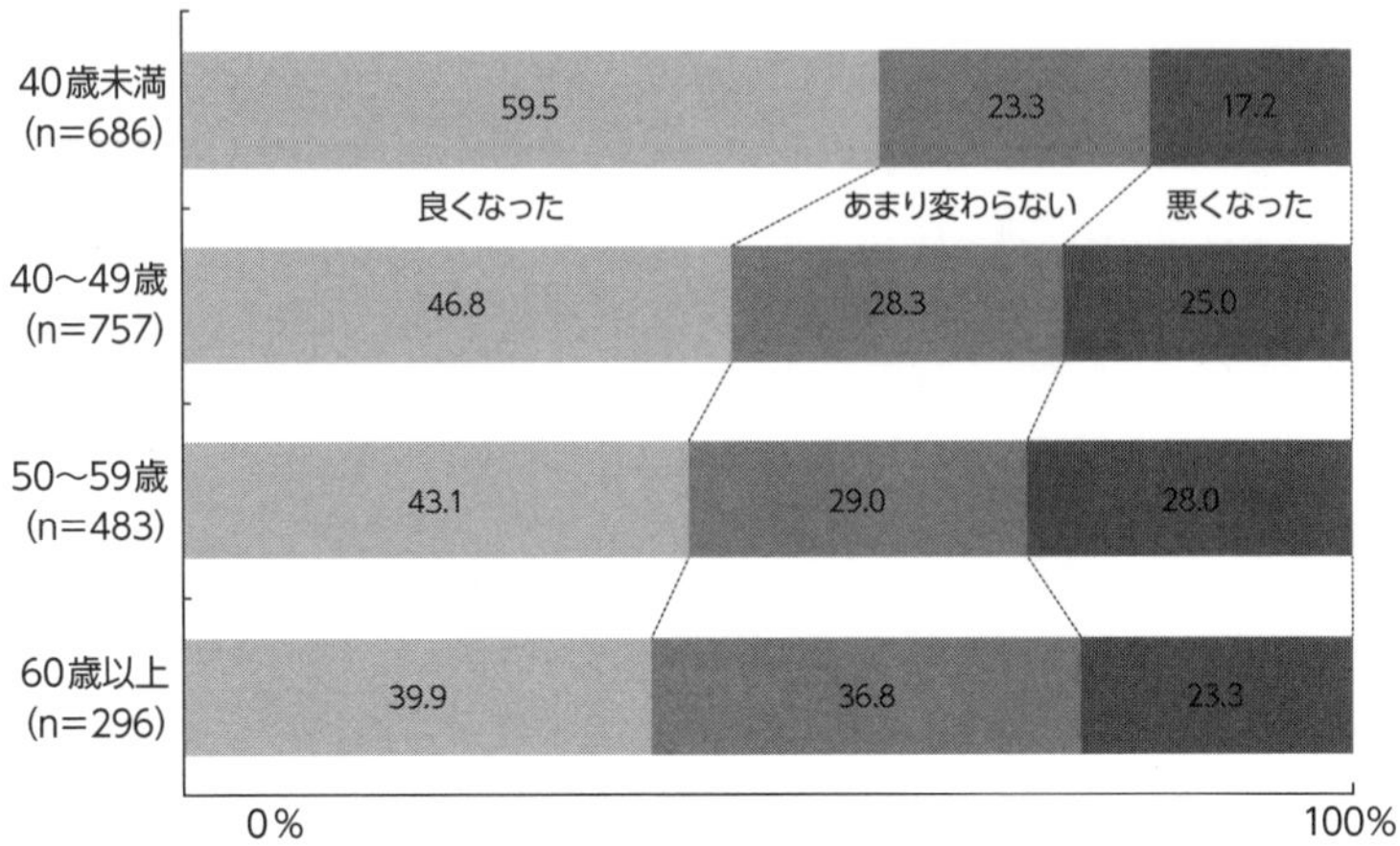

*資料：中小企業庁委託「中小企業の事業承継に関するアンケート調査」(2012年11月、(株)野村総合研究所)
*注1：事業承継後の業績推移は、承継後5年間程度(承継後5年未満の企業は回答時点まで)の実績による回答
*注2：「良くなった」には「やや良くなった」を、「悪くなった」には「やや悪くなった」を含む

ジ上図)。

ということは、「先代の経営者が高齢化する前(気力も体力も十分なうち)に、できるだけ若い後継者に引き継ぐ」のが、もっとも業績を上げやすい事業承継ということになります。

これらが、事業承継を急いだほうがよい理由なのです。

2 事業承継の現場で起きていること

近年、事業承継をしたいというニーズが急激に増加していましたが、２０２０年に起きた新型コロナウイルス感染症の流行で、この流れが加速しています。

それ以前から少しずつ普及してきた働き方改革をコロナウイルスで半ば強引に推し進めざるを得なくなったり、人々の行動制限で市場環境がガラリと変化してしまったり。すべての企業が「変わらざるを得ない」という状況になってしまったのです。

以前から課題としてあったものが、コロナウイルスで「このタイミングでやらなければ」と浮かび上がってきたとも言えます。

その課題のひとつが事業承継です。誰も経験のないコロナ禍に、歳を重ねた自分で対応できるかどうかと不安を抱えた経営者が、承継を決意しています。

コロナによる事業承継のニーズ増加は、ここ最近のトピックスでしょう。ほかにも、事業承継の現場で起きていることがあります。

親族外への承継の増加

以前はある意味〝当たり前〟とされていた経営者の親子間での事業承継ですが、近頃はその〝当たり前〟が失われつつあります。これは、そのまま後継者の確保のむずかしさにつながっているのですが、子供への承継ができないなら、それ以外の人に承継するほかありません。つまり、親族外への承継です。

実際、親族外への承継は増えていて、20年以上前には10％に満たなかった親族以外の承継が、最近は約45％と半数近くに迫っています。特に、中規模企業においてはこの傾向が強くなっているようです。

もっとも多いのが、自社で働く役員・社員の中から後継者候補を選び、育て、承継するパターンです。社外の第三者を後継者と招くこともあります。

規模別・事業承継時期別の現経営者と先代経営者の関係

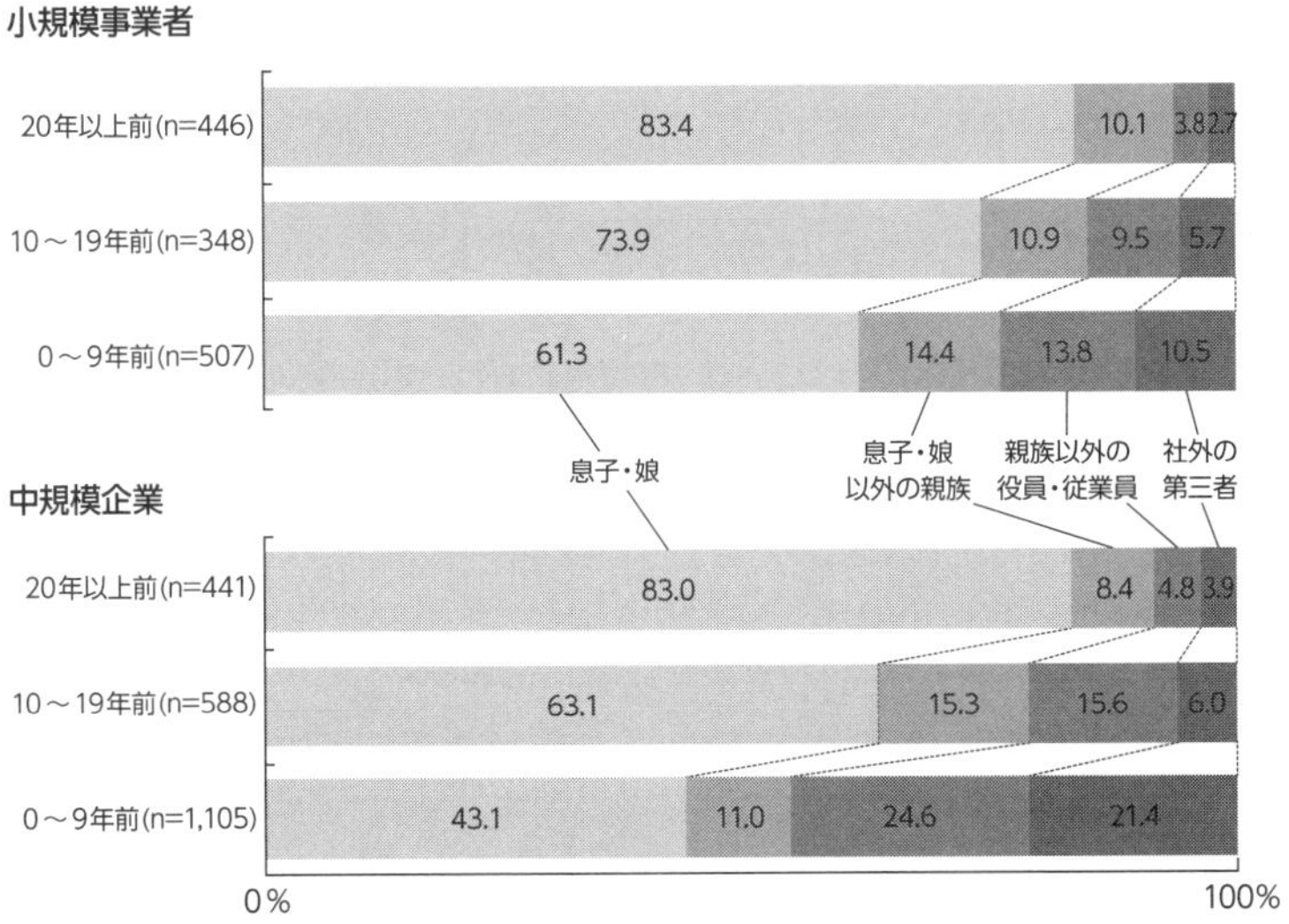

＊資料：中小企業庁委託「中小企業の事業承継に関するアンケート調査」(2012年11月、(株)野村総合研究所)

そもそも、将来にわたる企業の繁栄を念頭に置くと、後継者はそれにふさわしい人を選ぶのが筋です。血筋のみで決めることではないため、そういう意味では本来の姿になったと言えます。

ただし、どんなことが起こりうるのか、またその対策はどうすればよいのかなど、あらかじめ理解しておく必要があるでしょう。

中小企業M&Aの増加

事業承継の方策としては実にさまざまな方策があります。なかでも最近増えているのがM&Aです。極端なことを言うと、「事業承継＝M&A」と誤解されている面があるのだろうかと疑うほどです。事業承継というキーワードで検索してみると、M&Aを扱う事業者ばかりがずらりと並びます。

この背景にも、後継者不足があります。中小企業のM&Aは公表されていないこともあり、本当の実態をつかみづらい面がありますが、数は確実に増えているといえます。M&Aを手掛ける事業者のうち、東証一部上場の3社が扱った成約組数だけを見ても増えていますし、そもそもM&Aを手掛ける事業者も大小増えています。

M&A事業者は後継者が確保できない経営者の悩みを解決してくれる存在ではありますが、安易にM&Aに走るのは考えものです。

さまざまな方策を検討した結果、「M&Aが最適である」「この企業に売却すればシナジーがきいて事業がより発展できる」と判断できればM&Aもよい事業承継の形となります。

しかし、**先にM&Aという答えありきで進むのはいかがなものでしょうか。**

メリットやデメリットを踏まえたうえで結論する必要があります。

M＆A件数の推移

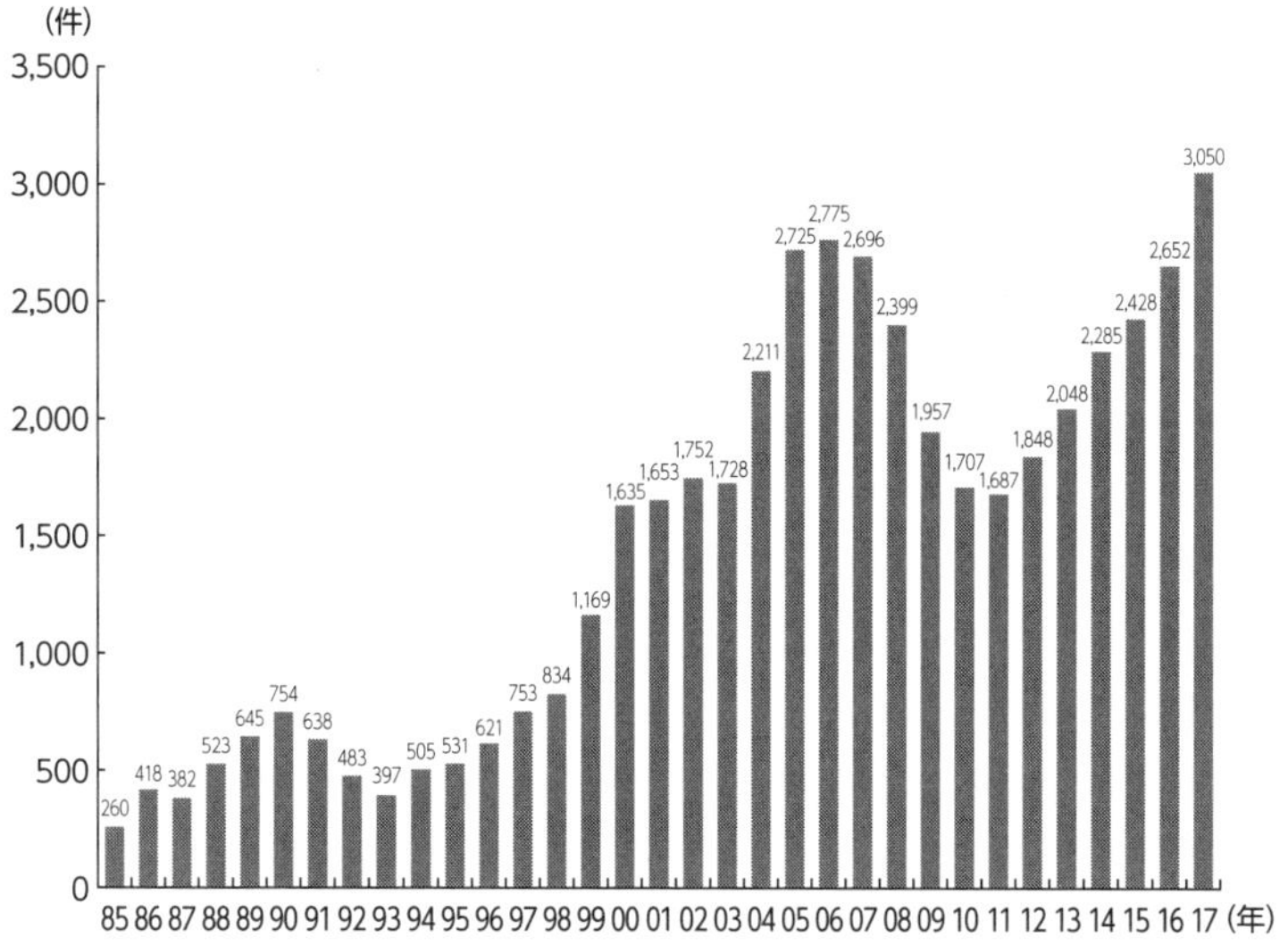

資料：(株)レコフデータ調べ

中小企業のM＆A仲介を手掛ける上場3社の成約組数

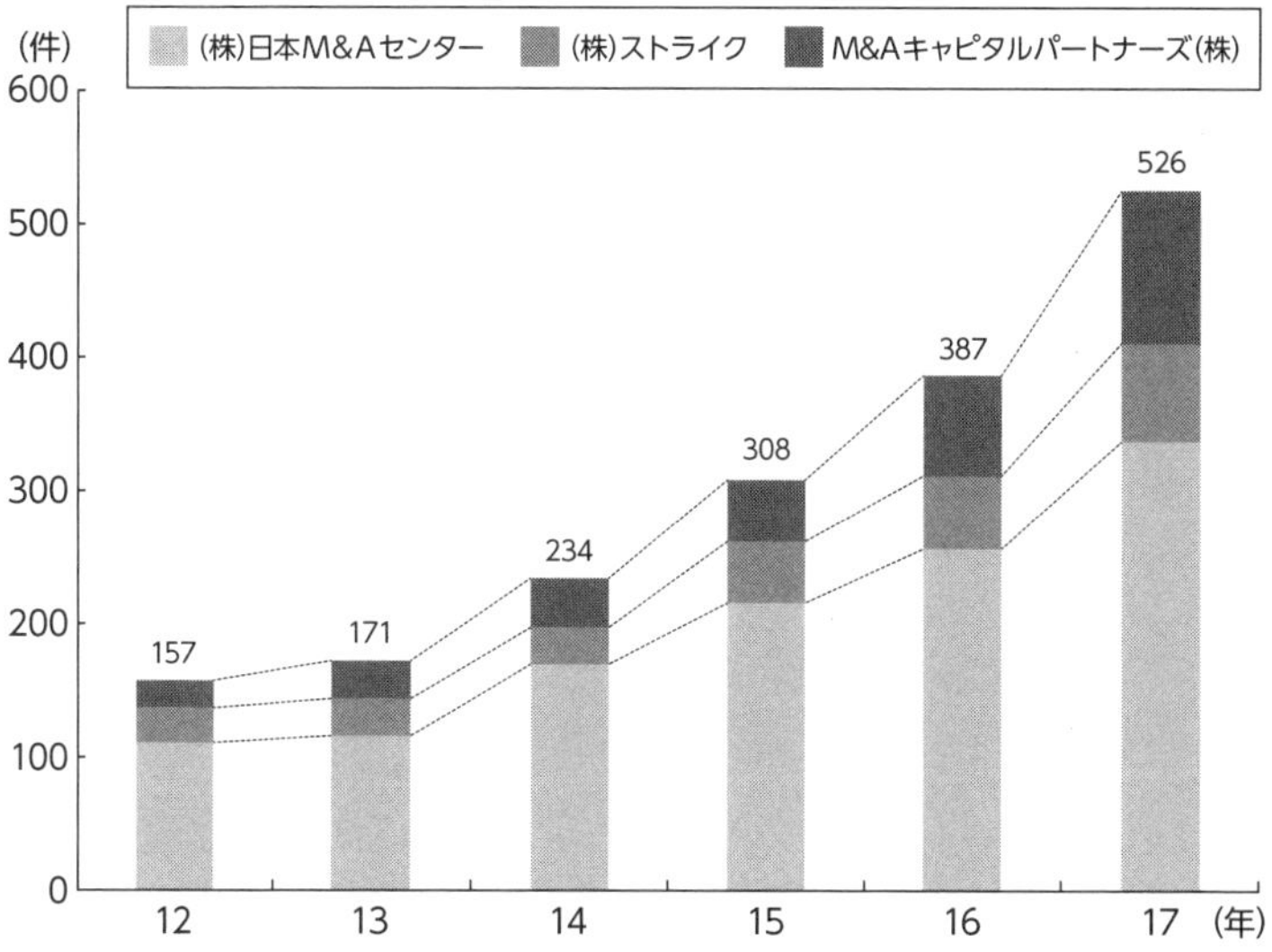

*資料：東証１部上場の中小企業向けM&A仲介企業３社の公表値等より中小企業庁作成

3

事業承継の専門家は誰？

事業承継がうまく進んでいない理由の一つに、事業承継の専門家が少ないという現実的な問題があります。

事業承継を考えたときに誰に相談を持ちかければよいのか、誰が最適な選択肢を提案してくれるのか、わかりづらいわけです。

実は、事業承継は会社法や税法など、幅広い知識が必要になるため、「これ」といった専門家を探すのが非常にむずかしい面があります。そのため、皆が自分の立場からポジショントークをしがちです。つまり、事業承継のプロと名乗る人が、自分の利益になりやすい形の提案をしがちになっているのです。

銀行の目的は自行の儲け

事業承継のきっかけとして多いのは銀行です。事業承継をサポートしている件数自体も、銀行が最多となります。理由は、シンプルに融資をしているからです。

銀行はお金を貸している企業から、確実に返済をしてもらうことが大切です。できれば、もっとお金を貸して利息をとりたいとも考えています。そのためには、企業経営がうまくいき、より拡大してもらう必要があります。

経営者が高齢化してくると、経営の先細りが予測されてしまうため、銀行から声がかかるわけです。

「社長、将来の事業承継については、どのようにお考えでしょうか」

なんとなく事業承継が気になっていた経営者は、これで銀行に事業承継のサポートをお願いして、進めていくことになります。

M&Aの仲介手数料を稼ぐため、M&Aの話ばかりされることも珍しくありません。繰り返しますが、銀行の目的は自行の儲けです。「お金を貸すので先代から後継者に株を移しましょう」という方策を提案されます。不動産を動かしたり、高い金額で株を動かしたりと、何かとお金のかかる方策です。お金を貸して、利息を取るのが目的なのですから。

しかし、合法的な方策で、株価を下げ、引き継ぐ方策があります。かける必要のないお金を使って引き継ぐのと、できるだけお金をかけずに上手に引き継ぐのでは、どちらがよいでしょうか。

答えは言うまでもなく、お金をなるべくかけない方策です。その方策を、銀行は提案してくれません。

事業承継セミナーは主催者次第

最近では、事業承継セミナーも多く開催されています。しかし、その中身は相続税セミナーであることが多くあります。

親族内承継の場合、事業承継は相続税とは無関係ではいられません。合法的にどれだけ安く抑えられるかは大きな課題です。

しかし事業承継の課題は、相続税だけではありません。相続税は大きな課題ですが、それ以外にも課題は多くあります。それなのに、相続税の話ばかりをするのは、相続税を専門とする税理士法人などが主催しているからでしょう。

同様に、司法書士法人が開催するセミナーでは、家族信託（167ページ参照）という手法を使った承継方法を紹介することが多くあります。これも、家族信託が得意だからです。前述したとおり、金融機関が開催するセミナーは、株をどう動かすか、不動産をどう動かすかという話が中心になります。M&Aの話ばかりのこともよくあります。

つまり、自分たちの得意な部分に偏った内容になりやすいという面があるわけです。繰り返しますが、事業承継にはさまざまな方策があります。それらを幅広く紹介するセミナーを主催している事業者なら、話を聞く価値はあると言えます。

最初にM&A事業者に連絡すると他の選択肢を失う

事業承継をキーワードに検索してみると、M&A事業者が多く表示されます。先述したとおり、M&Aを扱う事業者は年々増加しています。というのも、実は世の中の仲介手数料でいちばん儲かるのはM&Aと言えるくらい利幅が大きいからです。

M&A事業者が行うのは、いわゆるマッチングです。自社のネットワークを利用して、企業の売却先を探します。1件あたりの手数料も高額で、特に仕入原価も在庫もありませんから利幅が大きくなるわけです。

すでに述べたとおり、最初からM&Aありきの事業承継はあまりおすすめできません。最初にM&A事業者に連絡をしてみると、それ以外の選択肢が失われてしまいます。

あらゆる選択肢を検討した結果のM&A、事業の継続性、繁栄を期待できるM&Aであるべきでしょう。

結論として、事業承継を相談するなら「多方面から話ができる人」になります。

たとえば、税理士と司法書士など、各プロフェッショナルがチームを組んであたってくれるところであったり、事業承継について多方面の勉強をしているところが最適でしょう。

4

事業承継は今がチャンス

さまざまな課題を抱える事業承継ですが、実は事業承継は今がチャンスでもあります。

未曾有の転換期

その理由の一つは、新型コロナウイルスの影響による経済状況の変化です。言うまでもなく、現在は日本経済どころか、世界経済が未曾有の転換期を迎えています。苦しい局面を迎えている企業も多いのは当然です。倒産や休廃業の増加も懸念されています。

ただ、この苦しい状況は、見方を変えると事業承継のタイミングでもあります。若手の後継者への引き継ぎが、新しい市場環境に対応していく打開策となるわけです。

ただでさえ、市場が激変しています。

新聞やテレビでは、毎日のようにＤＸ（デジタルトランスフォーメーション）の話題を取り上げています。ＤＸが自社に与える影響を予想することができるでしょうか。ＤＸによって、どう事業が変わっていくでしょうか。もしくは変えられる可能性があるでしょうか。

ＧＡＦＡ企業の動きは日々、目まぐるしく変わっています。その変化のスピード感についていけているでしょうか。

たとえ能力、体力、気力が十分でも、市場が見えづらくなってきたら、事業承継のタイミングです。

企業の目的は、顧客の創造です。基本的機能は2つしかなく、マーケティングとイノベーションです。市場に対して、どんなマーケティングができるのか。市場に対して、どんなイノベーションができるのか。

これ以上のマーケティングとイノベーションはむずかしいと感じたら、後継者に譲るときがきたと判断したほうがよいでしょう。

環境が整いつつある

2つ目の理由は、国による後押しです。

国も早急な事業承継を課題だと考えています。2017年には、事業承継を支援しようと、「事業承継5ヶ年計画」を策定しています。これは、事業承継を集中的に支援するための計画で、さまざまな支援策を用意しています。

今後もしばらくは支援があると予測されますし、事業承継ニーズの増加に伴ってさまざまな民間サービスも充実してくるのではないでしょうか。

事業承継は、準備から実行、その後のケアも含めると、数年はかかります。だからこそ、このチャンスを逃さず、今すぐに計画を立てて、動き出してほしいのです。

第 1 部
事業承継のあり方
～「経営権」の承継とは理念を引き継ぐこと～

事業承継は、引き継ぐものが２つあります。

「経営権」と「財産権」の２つです。

この２つのうち、よりむずかしいのが経営権の承継です。経営理念、想いなどをしっかりを引き継いで、会社の未来を盤石なものにする必要があります。

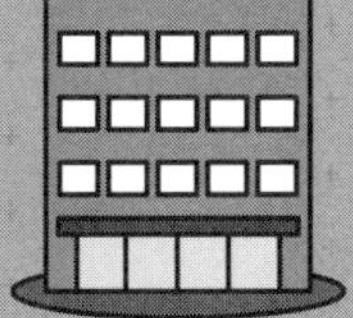

第 1 章

社長という仕事を教えていますか？

1

2つを引き継ぐのが事業承継

すでに紹介しましたが、事業承継はなにかと税金の問題が取りざたされがちです。

たしかに親子間で事業承継する場合は、株を子供に引き継ぐのですから相続税の問題がかかわってきます。役員・社員に株を贈与すれば贈与税、Ｍ＆Ａで得た売却益は所得税と、税金とは切っても切れないのが事業承継です。

そのため、「事業承継＝税金をどうするか」もしくは「事業承継＝資金をどうするか」と、事業承継をお金の問題だと考えている人もいます。

経営権の承継と財産権の承継

お金の問題は事業承継の一面ではありますが、すべてではありません。

事業承継の2つの要素

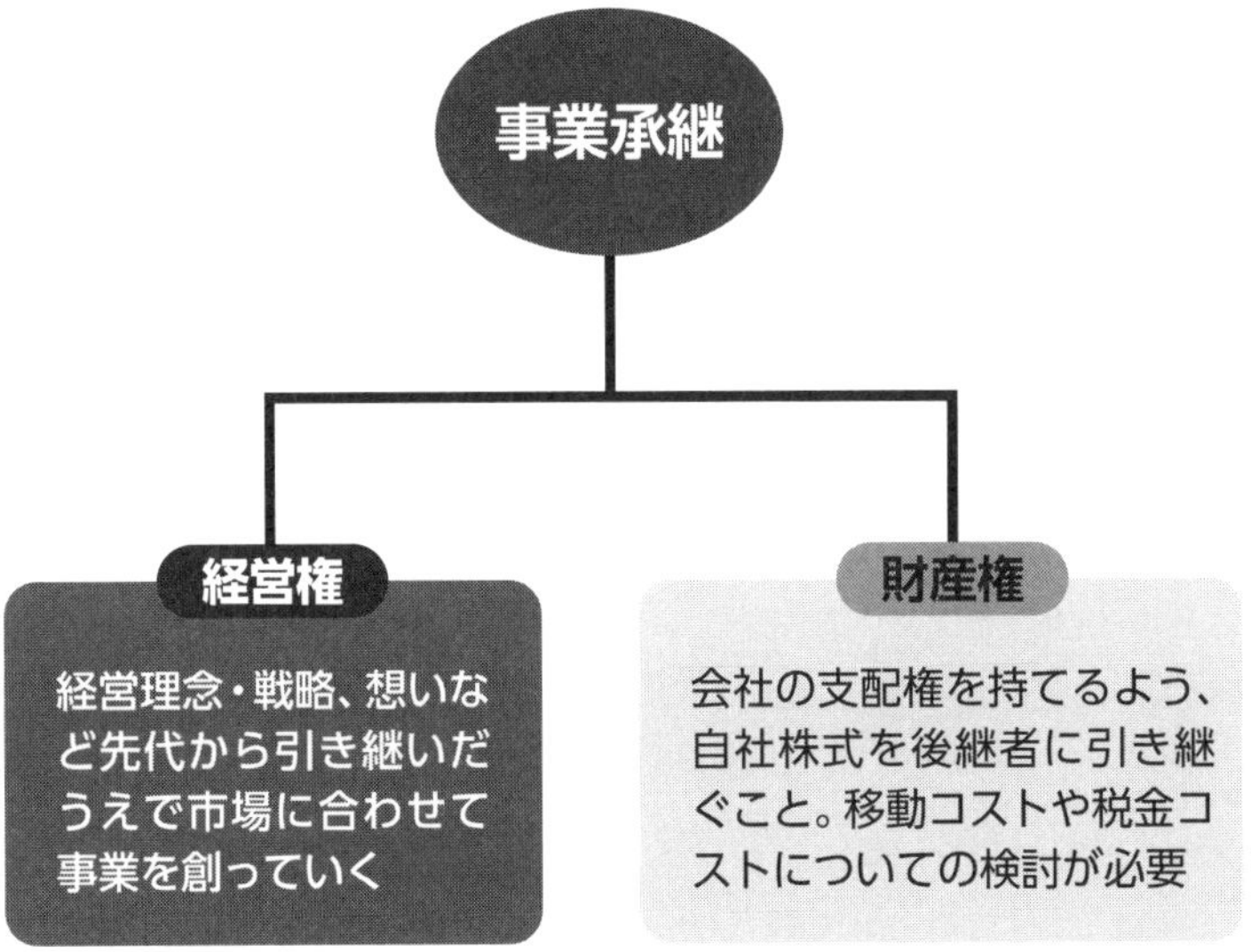
事業承継
経営権
経営理念・戦略、想いなど先代から引き継いだうえで市場に合わせて事業を創っていく
財産権
会社の支配権を持てるよう、自社株式を後継者に引き継ぐこと。移動コストや税金コストについての検討が必要

事業承継には、「経営権の承継」と「財産権の承継」の2つがあるからです。お金の問題は財産権の承継ですが、その前に経営権の承継があります。

というのは、**実は事業承継は「財産権の承継」より、「経営権の承継」のほうがむずかしいからです。**

財産権の承継はお金の問題です。合法的にコストを抑える方法もありますし、極端なことを言えば後からでも何とかなります。

もちろん時間をかければ、その分、コストを抑える方法も、とれる方策も増えますから、きちんと準備をすればさらに何とかなる問題です。

経営権がうまく承継できないときに起きる問題

ところが「経営権の承継」はそうはいきません。

経営権とは、名前のとおり経営をする権利のことです。一般的には中小企業は株主も経営者も一体です。そのため、大雑把に表現すると発行株式の半数以上を渡せば事実上、経営権はその人に移ります。しかし、それでは経営権の承継が済んだとは言えません。

次代の経営ができる人を選んで、経営について教育する。つまり、現社長が後継者に「社長の仕事とは何たるか」を教え、支えながら実践させ、つないでいくのが経営権です。「株式の過半数を渡して、はい終わり」ではないのが経営権の承継と言えるでしょう。

逆に言えば、しっかりとした承継ができなければ、会社の未来は危ういものになります。経営者としてふさわしくない人物、能力があっても経営について知識のない人に会社を経営させて、うまくいくわけがありません。

社員もついていかないでしょうし、お客様も離れてしまうのが目に見えています。

最悪のケースでは、息子が親から承継した会社を、引き継いだ途端にM＆Aで売却したこともありました。先代である親にも、他の役員にも誰にも相談しないままです。M&Aを考えていることは誰にも話さず、まんまと株を手に入れ、売却して数億のお金を手にしたわけです。

当然、創業者である親の希望ではありません。自分が立ち上げた会社の繁栄を願って行った事業承継が、予想もしないことになってしまって、頭を抱えていた姿が印象的でした。怒りの矛先は当然、息子に向かってしまいますから、親子の仲まで断絶してしまうという最悪の結果を招いてしまった例です。

さらに、もっと不幸だったのは、何も知らされていない社員でしょう。

誰にも相談しなかった息子はもちろんですが、親にも責任はあります。**親が、息子に社長という仕事を教えていなかったから招いた結果**だからです。経営を学んでいないのに、経営をするということ自体、無理があります。

2

社長の仕事①

経営理念を確立し、組織に浸透させる

では、社長の仕事とは具体的には何でしょうか。教えるためには言語化する必要があります。特に自分が自然と行っていたことを言語化するのは簡単ではありませんが、社長の仕事はどんな業界、業種であれ、共通しています。

経営理念とは「誰のため」「何のために」

経営理念は、会社の価値基準となり、判断・決断の際の拠り所となるものです。会社によって自由に定められるものである分、深い理解が必要となります。

京セラの経営理念は、「全従業員の物心両面の幸福を追求すると同時に、人類、社会の進歩発展に貢献すること。」です。物だけでなく、心の面でも幸福を追求するのは、名誉

社長の仕事

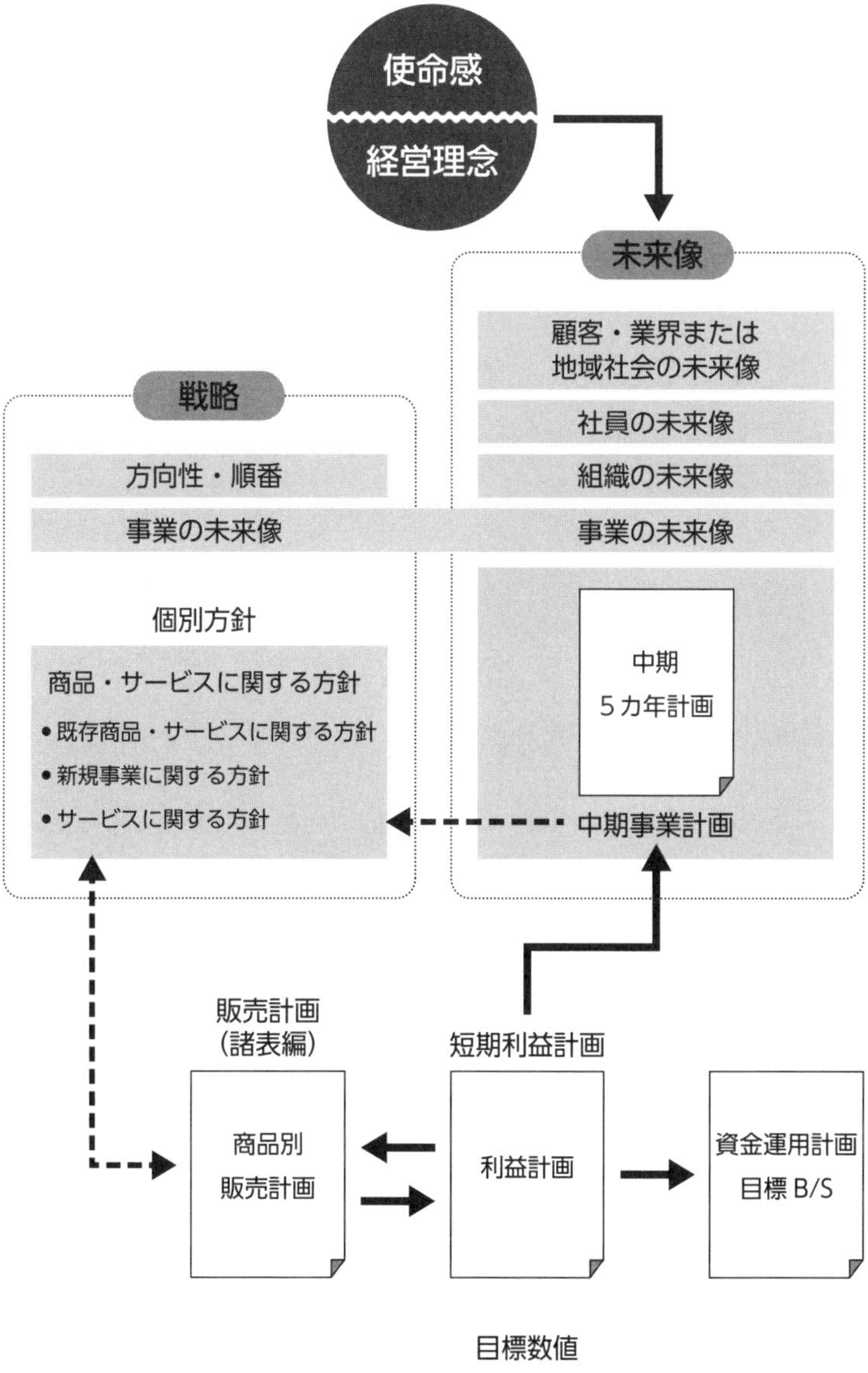
使命感
経営理念
未来像
顧客・業界または
地域社会の未来像
社員の未来像
組織の未来像
事業の未来像
中期
5カ年計画
中期事業計画
戦略
方向性・順番
事業の未来像
個別方針
商品・サービスに関する方針
• 既存商品・サービスに関する方針
• 新規事業に関する方針
• サービスに関する方針
販売計画
（諸表編）
短期利益計画
商品別
販売計画
利益計画
資金運用計画
目標 B/S
目標数値

会長の稲盛和夫氏が「心ほど強固なものはない」と考え、「強い心のつながりをベースにした経営」を京セラの原点としているからです。

このように、経営理念には経営者の仕事に対する想い、経営に対するこだわりなどが表れています。社員もこの経営理念を判断基準として日々の仕事を行うのです。

たとえば自社の事業が飲食店経営だとしましょう。2人組のお客様が大量な注文をされたとします。2人ではとうてい食べきれない量の注文である旨を伝えると、目的はインスタに掲載する写真撮影用でした。このとき、どう対応するかは大きく分かれるでしょう。

- お金さえ払ってもらえばお客様の希望どおりに注文を受けるのがサービスである
- おいしい料理を食してもらうのがサービスなので、食べ残すとわかっているオーダーは受けられない

この2つはどちらも間違いではありません。あくまで経営者の考え、つまり経営理念で決めることです。経営理念がなければ判断できないことでもあります。

さらに、経営者がその場にいなくても、現場のスタッフが「うちの経営理念は◯◯だか

ら、この場合は○○する」と判断できるまで浸透させるのも、社長の仕事です。

価値観を共有していく

社長の仕事の第一歩となる理念の確立・浸透は、普段から社員に対して繰り返し行うべきことです。究極の理想の姿は、何か出来事が起こったときに、組織の誰もが同じ行動をとれることです。そのためには、普段から「私はこう思う。君たちはどうだ？　我々はこの価値観でやってきているから、こう考えてほしい」と伝え続ける必要があります。

たとえば、「社員のなかに朝礼に出たくない人がいる場合、どうすればいいのか」。朝は眠たいし、冬は寒い。朝礼が楽しくて仕方がない人は少ないでしょうが、だからこそ「なぜ朝礼をするのか」を共有しておく必要があります。

ほかにも、「パソコンで入力したほうが効率的なのに、今だに伝票を手書きするスタッフがいたら、どうするのか」「パートさんの仕事が労働時間内に終わらなかったら社員はどうするのか」「なぜ掃除が必要なのか」「私たちはなぜこの商品を売るのか」「なぜ私たちは理念教育をするのか」「どうしたらお客様に喜んでいただけるのか」「会社にとって利益が必要なのはなぜだと思うか」「社長の話を踏まえて、あなたは何をしたらいいと思うか」「なぜ新入社員を採用するか」など、さまざまな問いかけをして、自社の理念に沿った答えを見つけていく必要があります。

理念は抽象的な言葉で書かれることが多いため、具体例を使って浸透させていくわけです。

理念を語れるかどうか

組織のすみずみまで理念を行き渡らせるのが社長の仕事ですが、「いちばん理解しているのが社長」である必要があります。

当然ながら、後継者候補も同じです。後継者は、組織のなかでもっとも理念について理解が深い人を選ぶべきでしょう。

「理念をそこまで理解してくれている人はいない」と感じるのであれば、それはまだまだ社長が理念を語り尽くしていないということです。

3

社長の仕事②

中長期のビジョンを定める

ビジョンを定めるのも社長の大切な仕事です。長期のビジョンを持ち、中期の計画を立てます。

ビジョンがない会社は、組織として成長する力を身につけられません。社員が定着しづらいからです。社員が会社を退職する理由の大きなものは、会社にビジョンがないからです。

社員の退職理由を、給料額や人間関係のわずらわしさだと考えているなら間違いです。社員のモチベーションを向上させるのは、社長から指し示されたわくわくするような未来です。

たとえば、「この商品は3年後、5年後にはこういうラインナップになって会社が成長していく。そのときには幹部として支える人材になっているだろう。給料も上がっていく」

という未来のストーリーに、人はモチベーションを刺激されます。

明るい未来を描く

未来は見えないものです。だからこそ、社長が明るい未来を描き、行くべき道を指し示すことで、社員は将来性を感じてくれます。

具体的には、次の未来像を描きます。

・顧客・業界または地域社会の未来像

経営理念と未来像をつなぐ部分です。自分たちが顧客・業界または地域社会のためにどういう貢献ができるのか、こういう理念を持って貢献していこうという使命感を伝えます。

・社員の未来像

社員の幸せの姿を描きます。会社は社員の人生、暮らし、幸せをどう支えていくのか、処遇はどうなのかを紹介します。未来の働き方はもちろん、キャリアの積み方、キャリアのコースも記述しておくと、社員は自分の将来を具体的にイメージすることができます。

・組織の未来像

社風について、組織のあり方について、それを実現する体制についてなどを記載します。たとえば「5年後に300人体制に」などと計画を示し、その際のグループ体制や組織体制についても現状の計画を紹介します。

・事業の未来像

今後展開する商品・サービスの展開を記載します。事業展開する領域はどこなのか、方向性はどちらなのかを示し、今後、どの事業がどのような位置づけにあるのかを社員に伝えます。

ビジョンは言葉と数字の両面から

ビジョンは、言葉と数字の両面から記載することが大切です。

つまり、「言葉で記載したビジョン」を、数字に落とし込む必要があります。主に、次のような数値目標を立てます。

・中期5カ年計画

この先5年間の数値目標を立てます。売上高はもちろん、利益計画、人員計画、設備計画、資本金、売上高経常利益率なども数値で出しておくとよいでしょう。

・短期計画

中期5カ年計画に記載した翌年分について、より詳細な数値目標を立てます。商品別販売計画、利益計画、資金運用計画(B/S)について数値を定めておきます。

4 社長の仕事③
戦略を立案する

ビジョンを描いたら、そのビジョンを達成するための戦略を立案する必要があります。方向性を示し、優先する順番なども示しましょう。

事業の戦略を立てるとは、つまり「事業を創れる」かどうかです。ビジョンを実現するために、「何をするのか」「どうするのか」を落とし込むことが社長の仕事と言えます。

何を、どうするのか事業を創る

たとえば、ある会計事務所は「日本中の中小企業を元気にする」を使命としています。この使命をもとに中長期計画を実現するために、どんな事業をするかが戦略立案となります。この会計事務所の場合は、主業務が経営計画書の書き方指導です。会計事務所の多くは法人税の申告などを主業務としていますが、一般的である必要はありませんし、いま主業務としている事業も時代とともに変わるかもしれません。

たとえば、最近は脱ハンコ、ハンコ不要が叫ばれています。おそらくこの流れは止められないでしょう。では、もし自分がハンコ屋の経営者だとしたら、どうすべきでしょうか。ハンコの継続を訴えるだけで事業を見直さない経営者は、社長の仕事をしていると言えるでしょうか。今ある技術、リソース、商品力などを活かして別の事業を創っていく、うまくスイッチしていく経営者が、社長の仕事をしていると言えるはずです。

また、商品・サービスに対する個別の戦略も必要です。

- 既存商品・サービスに関する方針
- 新規事業に関する方針
- サービスに関する方針

について整理します。

戦術は戦略の下にある

戦略の下に立案する戦術、たとえば営業に関する方針、お客様に対する方針、接客に対する方針などは幹部やプロジェクトマネジャーなどが立案することが多いでしょう。

もちろん社長が考え、戦術を立ててもかまいません。ただし、それはあくまで戦略の下にあるもの。戦略に従った戦術であることが大切です。現場での運用になりますから、全社員で行うのも良い方法です。

たとえば飲食店なら、「どこにお店を出すのか」「どんな業態で出すのか」「メニューの構成」「仕入れはどうする」は戦略です。社長が決断します。

一方で、お客様にビールをどういう注ぎ方で出すか、誰が接客するか、どういう笑顔で対応するかなどは戦術です。社長が決めてもいいですし、現場のフロアマネジャーやスタッフが決めてもよいわけです。

5

経営計画書は経営の引継書である

ここで紹介した3つの社長の仕事は、経営計画書としてまとめることをおすすめします。この経営計画書は毎年、作り直します。中長期計画は経済状況などに合わせてバージョンアップしていく必要がありますし、目標数値は毎年、変わるのが通常です。

そのため、社長の仕事をまとめると、次のようになります。

- 経営理念、ビジョン、戦略を定め、
- 経営計画書にまとめ、
- 社員に内容を浸透させながら
- 経営計画を実行させていく

経営計画書を理解することは想いを知ること

経営計画書があると、社内に理念や方針を浸透させやすくなります。お客様から何か質問を受けた際には、経営計画書をもとに自社の方針を説明できるなど、日々の業務のテキストとしても役に立ちます。

さらに、経営計画書は後継者への「経営の引継書」としても効力を発揮します。

社長、特に創業者にとって、経営計画書は「これからどう展開するか」を書いたバイブルのようなものです。「どんな想いで会社を立ち上げたのか」という過去と、「これからどうしていくのか」という未来を書いています。

後継者は、経営計画書をよく理解している人でなければいけません。それはつまり、先代の社長の想いを十分に知っている人なのです。

第2章
先代と後継者の相互理解を深める

1

現社長への理解が足りない後継者

若い後継者、もしくは後継者候補と話をすると、想像以上に先代を理解していない後継者が多くて驚かされます。

これは先代、後継者どちらにも非があります。ようするに語り合っていないのです。肝心な話をしていないため、互いの理解が不足しています。

親子ゲンカはどこまでも不毛

コミュニケーション不足が起きがちなのが、親族内の事業承継です。なかでも、父親が息子に事業を承継するパターンがもっともコミュニケーション不足と言えるでしょう。

そもそも、事業承継うんぬんではなく、父親と息子はあまり会話をしないものです。これが母親と娘であれば普段から日常会話を交わしていることが多いのですが、父親も息子も面と向かって話す機会を持とうとしません。

そのうえ、父親は「せがれはまだ未熟ですから」、息子は「親父はがんこでわかっていない」などと言い合っています。冷戦状態が当たり前で、いざ話をしようとすると激しい言い合いになってしまうことも……。

ケンカをしたところで、互いにわかり合うことはできません。どこまでも不毛なのが親子ゲンカなのです。

互いに感謝とリスペクトを

結論から言えば、たとえ**後継者に未熟な部分があっても承継しなければいけません。**後継者は、先代に感謝をして、頭を下げて経営を教えてもらわなければいけません。

「親父はわかっていない」と言うのは間違っています。

たしかに時代が変わってきて、現社長のやり方が合わなくなっている部分があるかもしれません。しかし、現社長がいるから会社があるのです。現社長が数々の修羅場を乗り越え、壁を破り、今があります。

そのことを受け入れ、尊敬し、自分が走るのは現社長が敷いたレールの上であることを自覚しなければいけません。

現社長と後継者がコミュニケーション不全に陥ってしまっては、事業承継もうまくいきませんし、ケンカをしていたら社員もお客様もついてきません。外で互いのグチや悪口を言うなどもってのほかです。

現社長および後継者は、どんなときでも、誰の前でも、相手への感謝と尊敬を言葉にするようにしましょう。そのことが、互いの信頼を強めていきます。

2 

会社のルーツを伝える

現社長の想いや会社の強みを知るのによいのが、会社のルーツを知ることです。

たとえば、金属加工の工場なら、

「現社長がこういう時代に、可能性を秘めていたこの市場で、こういう経緯で得た技術を使って、こういうことを始めた。ライバルが多かったけれど、こういうやり方がきっかけで市場に広まって、ここがお客様に支持をされている」

など、**ルーツを語るときに、必ず強みが表れます。**

「ライバルはここを単純にやっているのだけれど、うちはコストをかけて、あえて手を加えて出したら市場で受け入れたんだ」

など、ルーツと強みは切っても切れない関係にあるわけです。

そもそも、スピードが速い現代において、事業承継をできること自体、偉業と言えるすばらしいことです。そこには苦労と成功の歴史があります。

次の代に引き継ぐということは、少なくとも10年、場合によっては20年、30年と会社が続いているということ。廃業が多い現代において、何十年も会社が生き続けていること自体が、他社にはない強みがあることの証しです。

商売はお客様に選んでいただく必要があります。他と違う点、バックボーン、戦略、方向性、差別化など、少なくともこれまで生き残っている会社には、何かがあるはずです。マーケティングに成功したのか、何かイノベーティブな部分があったのか、きちんと突き止める必要があります。

どんなに小さい会社でも、1年続いた会社より10年続いた会社、20年続いた会社、30年続いた会社には、その分、強みがあるはずです。

なかには、数十年続いた企業が苦境に立たされたり、倒産の憂き目にあうこともありますが、それは大抵の場合、時代の変化についていけなかったケースです。**強みを活かせなかったケースとも言えます。**

ルーツから強みを探る

次世代へつないでいくためには、その強みを活かす必要がありますから、現社長は会社のルーツを伝えること、後継者はルーツを知ろうとする姿勢が求められます。

ありえない話ですが、創業者が永遠の命を手にしていたら、フレッシュな脳みそで今、この時代に何を行い、何をどう判断していたのか。誰のために働くのか。何のために働くのか。その想いを引き継ぐのが事業承継です。

命には限りがあります。限りがあるからこそ、事業承継、代替わりが必要なのです。創業者の想いを引き継ぐこと、つまり事業承継は、会社に永遠の命を吹き込むことと表現できなくもありません。

しかし**意外と、現社長は想いを語っていないし、後継者も聞いていない。**特にそれが親子だと、ますます話をする機会が少なくて引き継げていません。

・創業者は何を目指して起業したのか
・危機的状況のとき、どう乗り越えたのか
・何を大切に経営しているのか
・どんな世界観を目指しているのか
・どんな世の中にしたいのか

先代が伝えなければいけないことは、後継者が知らなければいけないことです。先代は積極的に語る必要があることを自覚して、伝える努力をしましょう。後継者は、先代が話してくれなければ自ら話を聞きに行く必要があります。

誤解されがちな強み

強みは意外と自分たちでは取り間違えやすいものでもあります。強みはお客様に選ばれるポイントのことです。

たとえば、

「社長のところの強みは何ですか」

「ライバル企業との違いは何ですか」

と質問をしたとします。相手が飲食店の場合、

「うちはおいしいです」

などと返ってくることがあるのですが、それは強みではありません。他の店もみんな自分の店はおいしいと思っているはずですから、他店との違い、差別化にはならないのです。

そのため、強みを聞かれたら、おいしさの秘訣を話しましょう。

「日本全国の魚を食べ比べて、この地域の魚がうちの料理には合うと思って、わざわざ漁師さんと直接契約しているんですよ」

などと答える必要があるわけです。

ある引っ越し業者のセールストークは、

「うちの社員は親切です」

でした。親切をモットーにするのはよいのですが、証明できる形で出さなければ強みに

はなりません。どうして親切なのか、こういう価値観に基づいてこんな取り組みをしている、というところまで表現しなければ強みにはなりません。

親切さとして行っている行動規則やお客様のアンケート結果など、形にして見せる、数字にして見せて説得力を持たせる必要があります。

よくある「フットワークがよい」もそうです。どうフットワークがよいのかを伝えなければ、お客様に選んでもらうポイントにはならないでしょう。

そういう意味では、**強みは戦略と合致するものでもあります。**市場や時代に合わせた戦略と合致したときに、強みがもっとも威力を発揮するでしょう。これまで合致してきたからこそ、事業承継ができるまで勝ち続けてきたとも言えます。

3

想いを継ぐために会話する

現社長は後継者に想いを語る必要がありますが、特に親子の場合、ただ待つだけでは話をする機会はなかなか訪れません。**親子でなくとも、積極的に語るタイプではない社長の場合、後継者自ら話を聴く必要があります。**

現社長の想いを引き継ぐためには、想いを知ることが大切なのです。

先代の考えをインストールする

現社長と後継者のもっともよい状態は、何かマズイことが起きたとき、または何かチャンスに出会ったときなど、**何かが起きたときに「対応が同じである」**ことです。話し合ってもいないのに、現社長がとる対応策と後継者がとる対応策が同じならば、現社長の考えが後継者にインストールされていると言えます。

この状況をつくるには会話しかありません。朝礼で、役員会で、会議で、ランチで、日常の中で、ことあるごとに話をしていく。

「さっき、お客さんがこんなことになってさ。大変そうだったからこうしておいたよ」

「あの取引先のやり方はちょっと考えられないな。腹が立ったから、こう言っておいたよ」

など、ちょっとした会話を交わしていきます。

もちろん、改めて話をする機会を設けるのもすばらしいことです。

後ろ姿を見て学ぶ、というのが帝王学なのかもしれません。しかし今どきは、それでは伝わらないのが現実です。**現社長、後継者、どちらからも歩み寄って、会話しながら考え方をインストールしていきましょう。**

武勇伝を聞く

現社長の武勇伝を聞くと、自然とルーツにつながっていきます。どんな挫折があったのか、どんな失敗があったのか、どう克服したのか、現在に至る成功物語を聞いていきます。昔の話は気楽に話せるために、楽しい時間を共に過ごすというスタンスでいれば、現社長の口も滑らかになるでしょう。なかには、現社長自身も忘れかけていたことがあるかもしれません。話をするうちに、思い出して原点を確認できたりします。

現社長のストーリーのなかには、辛い話もあるかもしれません。

ある会計事務所の経営理念に、「一生あなたと家族を守る」があります。この経営理念ができたのには、辛い出来事がありました。

仕事の打ち上げを兼ねて社員全員で小旅行をしたところ、1台の車が事故を起こして助手席に座っていた女性社員が両足を切断する大怪我を負ってしまったのです。社長は毎日、病院へ足を運び、女性社員の両親から罵倒を受けることもありました。

取り返しのつかないことになって、後悔と反省のなかで、「この事務所で働く人は、絶対に一生、何があっても一生守っていこう」と決めたそうです。もし障害を負ってしまった人がいれば、一生生活に困らないようにしようと。

それからはずっと社用車も持たず、営業時間内に自家用車に乗るのも禁止。乗るのは公共交通機関か、タクシーのみです。さらに、その怪我をした女性は今でも在宅で働き続けてくれています。

背景にあるストーリーを知れば、「一生あなたと家族を守る」という経営理念の理解が深まるでしょう。どんな想いがあったのか、なぜその考えに至ったのかを知ることができます。

質問リストを利用する

何を聞いていいのかわからない、という場合には、後継者が聞いてほしい質問リストを利用してみてください。

経営者の想いを引き継ぐのは社長としての務めですし、後継者としてやらなければならないことです。会話のなかで明らかになってきたら、**できれば明文化することをおすすめします。**

社長の想いを知る質問リスト

テーマ	質問
事業について	この事業(商品・サービス・ビジネスモデル)を選んだ理由は何ですか?
	この事業(商品・サービス・ビジネスモデル)のお客様は誰ですか?
	この事業(商品・サービス・ビジネスモデル)は社会にどんな貢献ができる可能性がありますか?
	この事業(商品・サービス・ビジネスモデル)をお客様が選んでくれる理由は何ですか?
	この事業(商品・サービス・ビジネスモデル)のライバル会社はどこですか?
	この事業(商品・サービス・ビジネスモデル)の価額はどのように決定しましたか?
社員の処遇について	うちの社員はどのようになってほしいですか?(当たり前のレベルはどのようなものか?)
	そう思う具体的な理由をあげてください?
	うちの社員にどのくらいの給与を払える会社にしたいですか?
	うちの会社の将来の組織図はどのようにしたいですか?
起業と歴史について	会社を設立したきっかけは何ですか?
	この業種を選んだのはなぜか?
	この仕事の面白みややりがいは何か?
	今までで一番のピンチは何ですが?
	それをどのように乗り越えたのですか?
将来の展望について	過去うちの商品・サービス・ビジネスモデルが変化したことはありますか?きっかけは何ですか?
	10年後、世の中はどのようになっていると思いますか?
	10年後、うちの会社はどのくらいの売上高になっていますか?
	その時の社員数はどのくらいですか?
	その時の商品・サービス・ビジネスモデルはどのような変化をしていますか?

4

資料をきっかけにして想いを知る

大雑把にいうと、現社長が後継者に伝えておかなければならないのは、**過去8：未来2くらいの割合になるはずです。**過去についてしっかり伝えていれば、未来は後継者が切り拓いてくれるでしょう。そのため、未来については方針を共有する程度で十分です。

一方、多くを伝える必要はあるものの、何らかの資料が残っているのが過去です。そのため、資料をきっかけに会話をすると、過去のストーリーや武勇伝についても切り込みやすくなります。

社史や残っている写真などをきっかけにする

周年記念に社史を作成していたりすれば、それをきっかけに話をすることができます。

たとえば年表があれば、「何があったか」がわかりますから、「そのとき、どういう判断を下したか」を中心に聞いていきます。

写真なども同様です。社員旅行の写真があれば、その年の業績がよかったのかもしれません。だとしたら、その理由はなぜか、お客様に評価されたポイントは何だったのかなどを聞いていきます。

商品の写真であれば、時系列に並べて、開発のきっかけやマーケティング手法などについて聞き、現社長が下した判断を学んでいきます。

サービスのメニュー表、新聞や雑誌に掲載された記事、表彰を受けてもらった賞状などもよいでしょう。歴史を知る資料をきっかけにして、会話を深めていきます。

数字をきっかけにする

社史や写真など会社の歴史を知る資料がなくても、数字は残っているはずです。この数字をもとに話をする方法もあります。

この際、できれば、月ごとの「年計表」を作成して話をすると、大きな出来事も忘れていた出来事もすべて浮き彫りになります。

年計表とは、当月前1年間の売上を月ベースでグラフにしたものです。つまりその月をベースにして、直近1年間の数字のこと。

たとえば「2021年1月」の欄には2020年2月〜2021年1月までの1年間、「2021年2月」の欄には2020年3月〜2021年2月の1年間の売上合計額を記入します。

「月ベースなのだから、毎月の売上額でよいではないか」と考えるかもしれません。毎月の売上額でも悪くはないのですが、月ごとだと閑散期と繁忙期の影響を大きく受けてしまいます。

たとえば「1月から繁忙期を迎えて3月がピーク。4月から6月ぐらいまでは閑散期を迎える」会社の場合、毎年、1〜3月の売上が高くなり、次の4月からガタッと落ち込んでしまいます。グラフを見ると異常値のようですが、これは毎年のことですので正常値です。ただ、このようなガタツキが多いと、「ここで何か起きたのか？」とセンサーを働か

● 売上・月次年計表例 ●

(単位:百万円)

	2015年	2016年	2017年	2018年	2019年	2020年
1月	513.8	555.2	576.6	642.7	684.3	692.2
2月	517.8	553.1	578.5	651.1	693.1	690.3
3月	520.0	553.9	581.8	657.7	693.7	690.0
4月	523.4	557.8	582.6	669.0	688.3	692.0
5月	526.0	561.5	586.6	673.1	688.5	693.2
6月	529.3	563.3	592.2	675.4	689.5	694.9
7月	532.1	564.2	600.3	676.3	689.4	696.9
8月	535.4	566.0	606.5	678.8	687.7	700.1
9月	537.5	568.1	614.1	681.2	687.2	702.5
10月	540.5	569.8	621.9	682.9	686.6	704.1
11月	544.4	571.4	629.5	684.8	685.6	704.1
12月	545.6	573.5	637.3	685.5	684.4	706.3

● 売上・月次年計グラフ例 ●

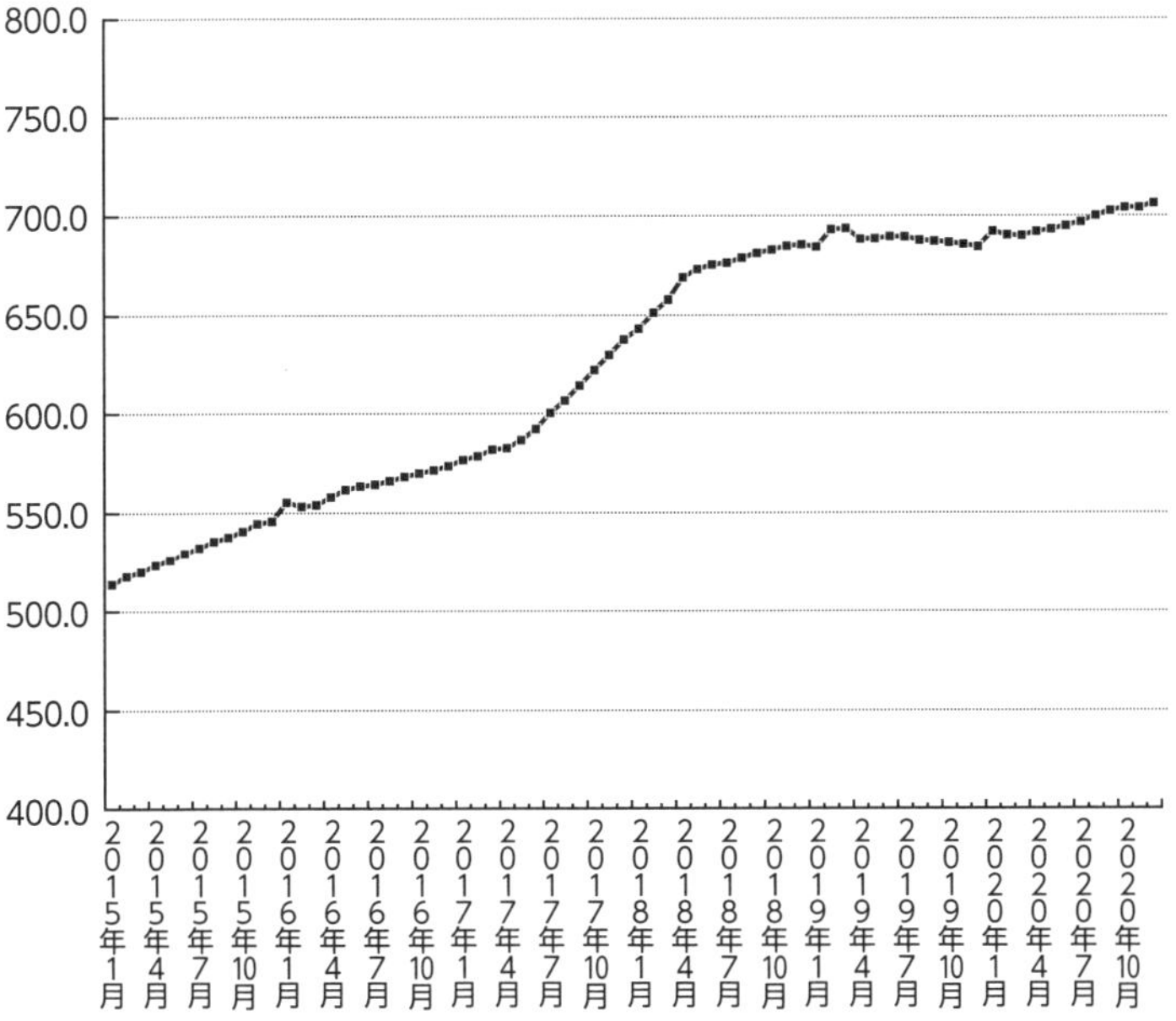

せづらくなってしまいます。

その点、年計表は、その月を起点にした1年間の数字です。1月なら昨年2月~1月の合計ですから、繁忙期も閑散期もすべて含んだ数字になります。毎月、繁閑の影響を受けない数字になりますので、数字が上がったり下がったりしていれば、「繁閑以外の何かが起きた」ことがわかるわけです。そうしたら、その上げ下げを手がかりにして、

「ここはずいぶん上がっているけれど、何か特需があったの?」

「たまたま芸能人が商品Aを使っているとテレビで紹介してくれたんだよ」

「ここからジリジリと右肩下がりになってるけれど」

「取引先Bが大手メーカーに吸収合併されて、発注量が減っていったんだよね。それで、新規取引先を増やす営業を始めて、結果が出始めたのがこの月あたりだね」

などと、話を進めやすくなります。

余裕があれば、商品群ごとに年計表を作って並べると、伸びている商品、落ちていった商品などがわかります。商品ライフサイクルが見やすくなるのでおすすめです。

逆に月ベースではむずかしい場合、1年ごとでもかまいません。この場合は決算の数字を並べていくと簡単です。これだけでも、きれいな右肩上がりにはならないでしょう。毎年、伸び率が違いますし、落ちている年もあるかもしれません。

そうしたら、「この年はすごく伸びているけれど、何があったの？」などと質問をして、起きた出来事と、それに伴う経営者の判断について確認していきます

ある衣服メーカーは、パーティーに出席する際に着るような、富裕層向けの正装服を販売していました。バブルの全盛期には日本全国に店舗を出して100億円ぐらいの売上がありましたが、現在は10分の1ほどになっています。

現在は3代目が事業承継しようかというところです。

拡大でも縮小でも、大切なのは、後継者が「なぜそうなっているか」「何が起きたのか」「今はどうなっているのか」を正しく知っておくことです。そこで、年計表をもとに先代と話をして、これまでのルーツと歴史を認識してもらいました。

後継者が気づいたのは、「日本の富裕層のリストを持っている」という強力な強みでした。

創業者の代から付き合いのあるSランクの富裕層は、ドレスや燕尾服、スーツなど、まとめ買いをすることが多くあります。一度に1000万円の売上があることも珍しくありません。

であれば、店舗販売だけでなく、こちらから出向いて販売する方式も取り入れたほうがよい、他の富裕層向けの商品の併売も考えられる、などアイデアが湧いてきたようです。

お客様は誰なのか、強みは何なのか、現社長の判断基準はどこかを念頭に話をすると、現社長の考えがインストールしやすくなります。

また、数値は景気に連動しやすいので、景気以外のところ、たとえばマーケティング手法や商品・サービス開発で数字が動いたところを中心に聞くようにしましょう。

なお、この**年計表は、後継者側が作るようにしましょう。**会計事務所や経理と相談しながら作成したうえで、**それを見ながら現社長と会話をすることがおすすめです。**

第 3 章

後継者を育てる

1

後継者となるべき人材を抜擢する

改めて、後継者にふさわしいのは、どんな人材でしょうか。

社長の仕事は、事業を創り、理念を落とし込むことです。だとしたら、**後継者は、事業を創れて、理念を語れる人**ということになります。理念となる現社長の想いを十分に理解していることが大切です。

その意味では、現社長と後継者は相思相愛の関係でなければならないと言えます。

結婚するにしても、相手は誰でもいいと考える人は少ないでしょう。互いに価値観をすり合わせ、この人なら生涯やっていけるという人と結婚するのが一般的です。

離婚するカップルは、この価値観のすり合わせで互いに誤解があったのかもしれません。

実際に生活してみると、実は価値観がずれていて、歩み寄りができないから、離婚したほうが互いに幸せになれる可能性があると判断したのでしょう。

結婚と離婚ならまだ夫婦の問題ですが、似たようなことが会社で起こると大事です。いったん後継者に引き継いだ後に「やっぱり価値観が違った」となっても、再度、経営者を変えるのは簡単ではありません。振り回される社員やお客様が不幸です。

周囲が納得する人選でなければならない

お客様、社員、地域社会、もちろん現社長にも応援される事業承継であることが大切です。そのためにも、理念を同じくする、価値観を同じくする後継者を抜擢する必要があります。

つまり、**周囲が納得する人選でなければ、後継者として務まらないわけです。**たとえば社員が納得していなければ、後継者が社長に就任した後も、社員は会長ばかりを見てしまうでしょう。新社長への求心力がまるでない状態になってしまいます。

上手に後継者にスイッチするには、ある程度「後継者はこの人だろうな」と周りが予測しているなかで指名するのが理想的です。自然に周囲の納得が得られます。

そのため理念はもちろんですが、もう一つ、**仕事の「実績」が必要です。**後継者の実績作りはある意味で経営者の仕事です。

つまり**後継者候補にチャレンジをさせる**ことです。そのチャレンジで結果が出れば、実績となって周りが納得するようになります。

チャレンジは、次のようなものが代表的です。

・新規事業
・新商品開発
・新しい取引先（マーケット）開拓
・新イベント開催
・FC加盟で新事業
・店長や工場長
・子会社の経営

方策は会社によってさまざまですが、一言でまとめると「小さな規模で経営を任せる」というイメージです。

実際、規模の大小はあまり関係ありません。**その人が初めてのことにチャレンジできるかどうか、壁にぶつかったときに打開できるかどうかなどが肝心です。**「事業を創る」力があるかどうかを測れますし、本人の経験値になります。

・後継候補者がいない場合

後継者について「いい人材がいないんだよ」と話す経営者は多くいますが、経営経験がない人材に物足りなさを感じるのは当たり前です。小学校を卒業したばかりの人に「あいつは微分積分ができないからだめだ」と言っているようなものでしょう。判断するのは、中学校、高校と進ませてあげてからで十分です。

・後継候補者が複数いる場合

中小企業ではあまり多くはありませんが、複数候補者がいる場合には、力量を見るためにもそれぞれにチャレンジをさせる必要があります。候補者が定まる前、ある程度のラインまでは、候補者がよきライバル同士で競い合う関係でいるほうが健全です。

チャレンジの過程で、**候補者がどの程度、理念を理解しているのかをつかむことができます**し、実績に差が出てきたりすれば、自然と絞られていくでしょう。

チャレンジをよしとする風土

実のところ、後継候補者の育て方、幹部の育て方、社員の育て方に大きく差があるわけではありません。

理念を組織のすみずみまで浸透させるために語り続けるなかで、十分に理解をした人が幹部となり、後継候補者となっていきます。仕事のスキルにしても、チャレンジするなかで社員が育って、幹部になったり、後継候補者になったりします。

実際、それまでルーティンワーク、すでに定まった仕事ばかりをしている人が、突然、小さな規模でも経営を任せられるようなチャレンジができるわけがありません。

たとえば後継候補者の息子を入社以来、総務担当にしていて、そのなかでもチャレンジらしいチャレンジはなかったとします。それなのに、ある日突然、新商品開発を軸にした新事業を立ち上げろというのはむずかしいでしょう。

やはり、**社員のスキルに応じてチャレンジができる風土を会社全体に作っておくべき**でしょう。大小のプロジェクト活動などもチャレンジのひとつです。社員の年齢、経験、スキルを見ながら、少しずつ大きなチャレンジを促していきましょう。

経営計画書は社長が作るものですが、経営計画書プロジェクトと称して、**後継候補者とともに作る**のも方法の一つです。深いコミュニケーションができるので、理念の浸透度合いやスキルを近くで感じることができます。候補者が複数いる場合にも有効な方法です。

2

自覚をさせる

後継候補者を決めたら、次の社長であるという自覚を促す必要があります。あらゆる場面であらゆる機会で自覚をさせていかなければいけません。

社長就任前に絶対にやるべきこと

実際に後継者として社長に就任する前に、絶対に経験させなければいけないのは、お客様への対応です。つまり、**営業の現場の経験**です。

会社は顧客の創造が役目です。つまり営業。社長が顧客を知らないということは、すなわち市場を知らないということ。これでは、事業を創造できません。

トップ営業ができないようで、社長が務まるでしょうか。大きなクレーム対応を役員に任せて、解決策が見つかるでしょうか。できるわけがありません。

先代の時代から、営業部長や営業担当の役員がお客様を持ち続けているパターンもリスクがあります。先代の指示は聞きますから、先代としても「あいつに任せておけば営業はなんとかなる」と自由にさせがちで、先代の右腕、番頭さんとして活躍を続けてきたパターンです。

ところが社長が変わって後継者の時代になると、その営業部長が後継者の言うことを聞かないことがあります。お客様が自分についていることをいいことに、好き放題して会社に悪影響を与えることがあるわけです。

最悪の場合、独立して、お客様を持っていってしまうことすらあります。多くの場合、自分の部下を引き連れて……。お客様はいなくなるわ、社員の大量退職になるわで、さんざんです。

このような事態を避けるためにも、**お客様はあくまで社長、もっと言えば会社につけなければいけません。**銀行は担当者にお客様が依存しないよう、1年程度で担当替えをします。転勤も頻繁です。

銀行のように極端でなくとも、3～7年に一度は担当を変える人事異動を行うべきでしょう。そのためにも、社長が営業の前線で会社の顔となって、お客様と対応しなければいけないのです。

さらに、社員個人にお客様がつくのを避け、「誰が担当しても同じクオリティのものを提供できる」組織を作る必要があります。

カリスマ性ではなく、組織力で

中小企業は、創業者のカリスマ性で成り立っていた会社も多くあります。創業者がトッププレイヤーで、お客様をどんどん引き寄せてくる。これで売上を増やしてきたパターンです。

ただし、カリスマ性によるトップ営業は、後継者にはできません。そのため、事業承継を決めたあたりから、少しずつ組織でお客様と対応できるようにしていく必要があります。組織による営業力を高めて、その中心にいるのが後継者、という形を作る必要があるわけです。

人前で話をする機会を与える

後継者には、人前で話をする機会を与えることも大切です。

たとえば、年に一度、経営計画発表会では、現社長が社長方針を話します。その際、たとえば後継者に新規事業を任せているなら、事業方針を説明させるわけです。

事業それぞれに責任者がいますから、それぞれに話をする機会を持たせます。社員にも事業方針が伝わりますし、責任者に理念がどれだけ浸透しているかも見て取れます。

その他、入社式、研修、朝礼、会議など、さまざまな機会があるでしょう。お客様に話をする機会も大切です。

社長になったら、理念を浸透させる仕事もあります。「語れる」のも社長のスキルの一つなのです。そのスキルを磨くためにも、人前で話をすること。リーダーとしての自覚も促すことができます。

3

経営の楽しさを伝える

昨今は、出世に意義を感じない若者が増えているといいます。「面倒が増える」「自分にメリットが感じられない」「たいして給料が上がらない」などを理由に、出世を避けるそうです。

出世も価値観教育の一環です。つまり、出世の意義を伝えていないから、社員が出世したいと思わないのでしょう。出世は、より人の役に立てるようになるためにするもの。

「かかわるお客様が増えて、喜びを分かち合える」

「部下が増えてより大きなプロジェクトが展開できるようになる」

などが出世の意義ではないでしょうか。

人の役に立てるようになることが社会人としての成長なのですから、本来、出世は喜ばしいことなのです。これを伝えていけば、「出世したくない」という社員は減っていくのではないでしょうか。

たしかに昔は、自然と多くの人が感じ取っていた意義ですが、「伝えなければわからない」時代ですから、意義をきちんと納得させるのも上に立つ者の役割となっています。

同じように、**意外と伝えていないのが、社長という仕事のおもしろさ**です。

組織のトップは、お客様の幸せへの貢献度がもっとも高い立場です。同時に、社員の幸せへの貢献度も、もっとも高い立場です。

意義のある、やりがいのある、エキサイティングな仕事に決まっています。

リスクばかりが目立つ経営者

ところが、経営の楽しさについて言葉にして伝える経営者は不思議と多くありません。

一方で、社長のリスクはあちこちで語られます。

たとえば、業績がよくて決算賞与を出したとしましょう。

「そうだよなあ。俺、がんばったもんなあ。俺のおかげだよ」

社員はそんな感想を持ちます。ところが、業績が悪くて賞与が出せないと、

「まったく、うちの社長は力がないから」

と、社長の責任になってしまうのです。


万が一、会社が何か大きな事故を起こしたときもそうです。

被害者に頭を下げるのは当然、社長。それればかりか、マスコミの前で頭を下げるのも社長です。小さなミスや小さなトラブルは日常茶飯事。クレームを受けたら飛んで行き、お叱りの言葉を受け止め……というのも社長の責任でしょう。

経営者になるよりサラリーマンのほうがいいと考える人がいても仕方がありません。

経営の楽しさを伝えているか?

経営者は、社長業の楽しさをもっと伝えるべきです。

経営理念をしっかりと理解して、惚れ込んで、商品・サービスを通じてお客様のお役に立つ。お客様の生活、ビジネス、ときには人生を支える存在になるかもしれません。もっと言えば、日本を、世界をよくできる可能性すらあります。

お客様の役に立つことに喜びを感じる社員が増えていくのも楽しみです。

「こういう提案をしたら、お客様に喜ばれました」

といった報告を聞くのは、経営者にとって本当に喜びです。ちょうど、子供から自転車に乗れるようになった報告を聞くのと似た感動を覚えます。

責任はたしかに大きい。それでも、**お客様の役に立つことを通して、成長を社員と喜び合えることは、何よりのやりがいである**はずです。

4

代表者保証をどう捉えるか

事業承継で頭を悩ませる問題が代表者保証です。多くの企業では、借入金に代表者の連帯保証がついています。

やってはいけない借入金の減額

現社長に多い間違いは、後継者にスムーズに承継したいがために、借入金を減額しようとするものです。借入金が少ないほうが負担が少ないと勘違いをしています。借入金を減らそうという発想自体が間違いです。

なぜなら、**借入金を減らすと、手持ちのお金が減ってしまう**からです。

借入金の額と倒産はまったく関係ありません。**倒産の原因は、お金がない**ことです。仮に100億円の連帯保証がついている借入残高があっても、200億円キャッシュがあればまったく問題がないでしょう。

昨今では、コロナで無担保保証融資が増えました。この無担保保証を置いておいて、連帯保証つきの借入金を返そうとしているのですが、これも間違っています。

たとえ、借り入れ過多になっていても大丈夫です。銀行は返済が続いている間は融資を続けてくれます。**借入金の額ではなく、しっかり利益を出し続けることが大切です。**銀行にずっと応援し続けてもらうような会社にすることが大切なのです。

この銀行と借入金の関係については、経営者ならよくわかっているはずですが、**事業承継という初めての場面になると正常な判断がむずかしくなります。現金が多いほうが資金繰りが楽になる。**この当たり前のことを忘れず、借入金を返済したりしないようにしましょう。

数字を公開する

後継者に連帯保証の説明をするのは当然です。最悪の場合、個人の資産をなげうつ契約をするのですから、後継者は自分の家族にも理解を求める必要があるでしょう。

説明のためには、会社の数字を公開する必要があります。後継者はもちろん、社員全員に公開することをおすすめします。

ただし、社長には会社の数字を公開することを嫌がる人も多くいます。数字を公開できない理由は3つです。

①黒字だから

会社が黒字だと、「そんなに利益が出てるのか。だったらもっと賞与出せよ。もっと給料上げろよ。うちの社長ってせこい」と思われるのが嫌で、公開できなくなっています。

②赤字だから

会社が赤字だと、たとえそれが一時的なものであっても、「うちの会社の経営状況はまずい。みんなで早めに辞めるほうがいいのではないか」と捉えられる可能性があります。悪い噂を流されたり、社員の大量退職につながるのを恐れているパターンです。

③役員報酬が高額だから

「社長って全然仕事していないのに、こんなに給料高いの？」と思われるのが嫌で公開できないケースです。

これは、結局のところ「数字の意味」を説明するほかありません。

①黒字だけど…

黒字なのに給料が上げられないのは、借入金の返済に回る、税金の支払いに使う、内部留保にしたいなど、理由があります。次の成長のために、または次のコロナが来ても大丈夫なように**会社にお金を貯めておくこともリスクヘッジなのだと説明をする**ことで理解をしてもらうわけです。

②赤字だけど…

今回はこういう理由で赤字だったので、次はこういう方法で挽回する、事業はこうなる、会社はこうなる、社員はこうなる…と未来を説明します。今後の展開、明るい未来に転換できることを伝え、安心してもらいます。

③役員報酬が高額だけど…

社員は、役員報酬を労働の対価だと誤解しているから、「高い」と感じてしまいます。そうではなく、**役員報酬は、決定と責任に対する対価**です。何かが起きたとき、責任を負うのは代表者です。借入金の代表者保証はそのわかりやすい例で、責任を取らなければならないから報酬が高いのです。仕事をしている、していないという社員と同じ軸では判断できないことを説明しましょう。

公開と教育はセット

数字を公開するのはいつでもかまいませんが、公開と説明・教育はセットです。全社員に公開するのが理想ですが、説明・教育が追いつかない場合には、**幹部から少しずつ公開していってもよいでしょう。**

意外と、「社長になってから初めて決算書を見た」という後継者も多いのですが、おかしな話です。顔も知らない相手と結婚するようなものではないでしょうか。

昔はそんな形式もあったようですが、現代ではありえません。お見合い写真や釣書《つりがき》を見て、お見合いの場で話をして、何度かデートして互いの意思を確認し合うというステップが必要でしょう。

しっかり数字を把握して、納得したうえで事業承継したいものです。

経営者保証の解除のためにも数字の透明性を高める

一方で、経営者保証の問題が事業承継において、障害になっているのも事実です（平成28年度中小機構アンケートより）。そのため、2019年に事業承継時に焦点を当てた「経営者保証に関するガイドライン」の特則が公表され、前経営者と後継者双方からの二重の保証を原則的に禁止するなど方針を明確にしました。

また２０２０年には、一定要件はあるものの経営者保証を不要とする新たな信用保証制度なども創設され、経営者保証の解除に向けた支援制度が開始されています。

法人の財務体質を強化し、法人と経営者の公私混同なく情報開示等を通じて透明性が確保されていることが求められますので、前述のとおり数字の公開と教育をセットで進めて、経営者保証の解除に取り組んでください。

第 4 章
事業承継のスケジュールを理解する

1

事業承継をどう進めていくのか？

具体的に事業承継をどう進めていくのかについて紹介しましょう。事業承継は大きく3つの時期に分かれ、進め方や会社によっても変わりますが、全体で5～10年ほどかけるとよいでしょう。

●準備期……後継者候補を定める時期

現社長が後継者候補を見定める時期です。子会社や新店舗など、小さな規模でよいのでチャレンジさせます。成果を出せるか、結果を残せるか、周囲からの評判などを評価します。経験値やスキルを高められますし、成果を出すことで周りも後継者として認めるようになります。

仮に失敗しても、経営に影響を与えるほどのチャレンジではないため、本人の経験として貴重なものとなるはずです。

・承継期……後継者に承継する時期（111ページ）

後継者を指名して、実際に承継する時期です。指名から社長交代までは、3年ほどを考えておくとよいでしょう。つまり、実際に承継するタイミングより3年前に後継者を指名し、「○年に承継する」と宣言をしたうえで、準備を進めていきます。

・並走期……後継者をバックアップする時期（114ページ）

事業承継をした後、しばらくは並走期間を置きます。現社長が会長、後継者が社長になって、後継者をサポートする期間です。

期間は会社によって異なりますが、**3年前後が一般的**です。最低でも1年、長ければ5年程度を見ておくとよいでしょう。

準備期から並走期が終わるまで、**合計すると5~10年ほどは見ておいたほうがよい**ということがわかるのではないでしょうか。

引退の花道は作る必要がある

承継のタイミングにしろ、並走期間を終了して完全に引退するタイミングにしろ、大切なのは「宣言して実行する」ことです。「○年後に事業承継を行う」「○年後に会長を引退する」など宣言することで、ものごとが動き始めます。

この宣言は、**単純に年齢で考えるのがよい**でしょう。「実力が衰えたら」などと考えていると、それがいつかがわかりません。準備も進めづらくなります。

それに、周囲が「実力が落ちた」と感じていても、社長にそれを指摘することもできないでしょう。現社長の年齢、後継者の年齢で考えるのがシンプルです。

社長の引退年齢については会社の業務内容等にもよりますが、およそ社員の定年を目安にするとよいでしょう。もちろん社長と社員は違いますから、実際には社員の定年年齢前後5歳程度になるのが現実的ではないでしょうか。

そうすると、60～70歳という結果になります。

事業承継時の現経営者年齢別の事業承継のタイミング

	事業承継のタイミング			参考
	もっと遅い時期の方が良かった	ちょうど良い時期だった	もっと早い時期の方が良かった	最近5年間の現経営者の事業承継時の平均年齢
現経営者の事業承継時の平均年齢	38.5歳 (n=177)	43.7歳 (n=1,059)	50.4歳 (n=370)	50.9歳 (n=898)

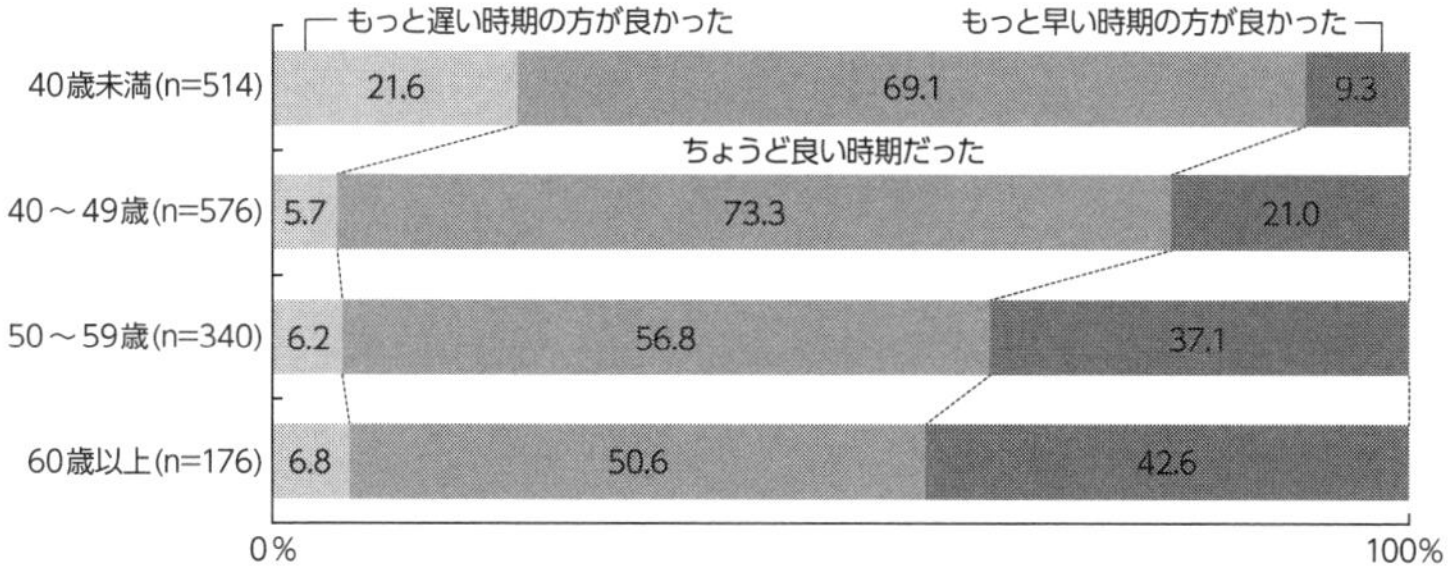

*資料：中小企業庁委託「中小企業の事業承継に関するアンケート調査」(2012年11月、(株)野村総合研究所)
(注)事業承継のタイミングについて、「分からない」と回答した企業は除いている。

大企業には80代の経営者もいますが、「後継者に難あり」と判断されがちです。**70代までにはバトンタッチ**をして、それ以降は会長、相談役、顧問という形になるのがよいのではないでしょうか。

財産権の引き継ぎも計画的に

ここで紹介したのは経営権の引き継ぎという視点からの5～10年ですが、財産権の引き継ぎについても一般的には10年と言われています。

この10年は、事業承継税制を根拠にしています（169ページ）。この税制は10年スパンで事業承継をしていくことを前提としているため、財産権も10年という定説ができたのが実際のところです。

ただしこれは、税金面のみを見た財産権の承継です。絶対的なものではありません。実際、財産権の承継にはさまざまな方法があり、どの方法を選ぶかで必要な時間は変わってきます。承継後にできること（ホールディングス体制や黄金株［183ページ］など）、事前に準備できること（退職金準備、生前贈与、事業承継税制［169ページ］の活用準備など）もありますので、事業承継を意識したときぐらいから、方法について検討し、どの程度の引き継ぎ期間が必要かを確認しておきましょう。

一方で、現社長が引退するにあたって、いくらお金が必要かという観点もあります。引退後は、持ち株を譲渡した金額、退職金、それから年金で暮らしていくことになります。事業承継とはいえ、**経営者の老後の資金は絶対に必要**です。

もちろん現社長の取り分が多すぎると、会社が苦しくなりますから、現社長個人が受け取る金額と会社に残す金額を最適化するためにも、準備期間は必要でしょう。これも、承継を考え始めた頃から検討し、準備を進める必要があります。

2 承継期に行うこと

現社長が後継者を指名して「○年後に承継する」という宣言は、社内はもちろん、お客様や取引先、銀行に向けても行います。

というのも、お客様、取引先、銀行も、突然の社長交代には不安を抱くからです。実際に承継するまでに、後継者を覚えてもらい、「この人なら大丈夫だ」と納得させる必要があります。

- なぜ後継者がその人なのか
- 現社長の理念や想い
- 後継者の理念の理解度
- 後継者の貢献度

などを社内はもちろん、ステークホルダーにもしっかり伝えていくわけです。そのためには、**経営計画書を共に作成するのが有効でしょう。**

その他、会社案内のパンフレットや、お客様への定期的なニュースレターなどでも後継者について紹介します。社員も目にするものですから、社内へのメッセージとしての役割も果たしてくれるでしょう。

社長就任時には、後継者は新社長方針を

事業承継を行ったら、後継者は自分で経営計画を作成します。経営計画発表会を開催して、新社長方針を発表させましょう。ちょうど新首相が所信演説を行うようなものです。

この際に大切なのは、「先代の考えを引き継いで、新しい○○にもチャレンジしていく」という姿勢です。**承継したからといって、先代の理念を否定したり、変更するのはNG。**会社には継続性がありますから、先代の意思を引き継いでいることを伝えましょう。

新社長方針に盛り込みたいこと

・先代への尊敬
・先代への感謝
・先代の理念を引き継ぐ決意
・今後の市場についての考え
・今後、どのような形で世の中の役に立っていくか

絶対に伝えなければならないのが「先代への感謝」です。先代のおかげで今の会社があり、今の自分がいることを、感謝とともに伝えます。

また、先代、特に創業者は優秀な営業マンであり、バイタリティのあるカリスマであることがほとんどです。そのため、それを引き継ぐ後継者は、その先代のやり方をどう仕組み化していくかが役割でもあります。

個の力ではなく、組織力で新しい時代を突破していかねばならない。そのためには、「みなさんの力を結集してください」「みんなでがんばろう」とすると、まとまりやすくなります。**全員参加経営のイメージを持ってもらったうえで、社長が「進め！」と号令を出すのではなく「続け！」と先頭に立って協力を得るようにしましょう。**

3

並走期に行うこと

並走期間が必要な理由は、社員やステークホルダーを安心させるためです。

社長が交代して、すぐに先代が「もういません。関係ありません」ということになると、やはり不安をかきたててしまいます。**先代が「まだ会社にいる」ということが、周囲の安心材料となる**わけです。

並走期間に先代が行うこと

ただし、**会長はなるべく見守る**こと。できるだけ後継者に口を出さず、要所要所で出ていくぐらいで十分です。

経営は考え方、理念、未来像。総称するとロマンが必要です。

○ 並走期には我慢が必要不可欠 ○

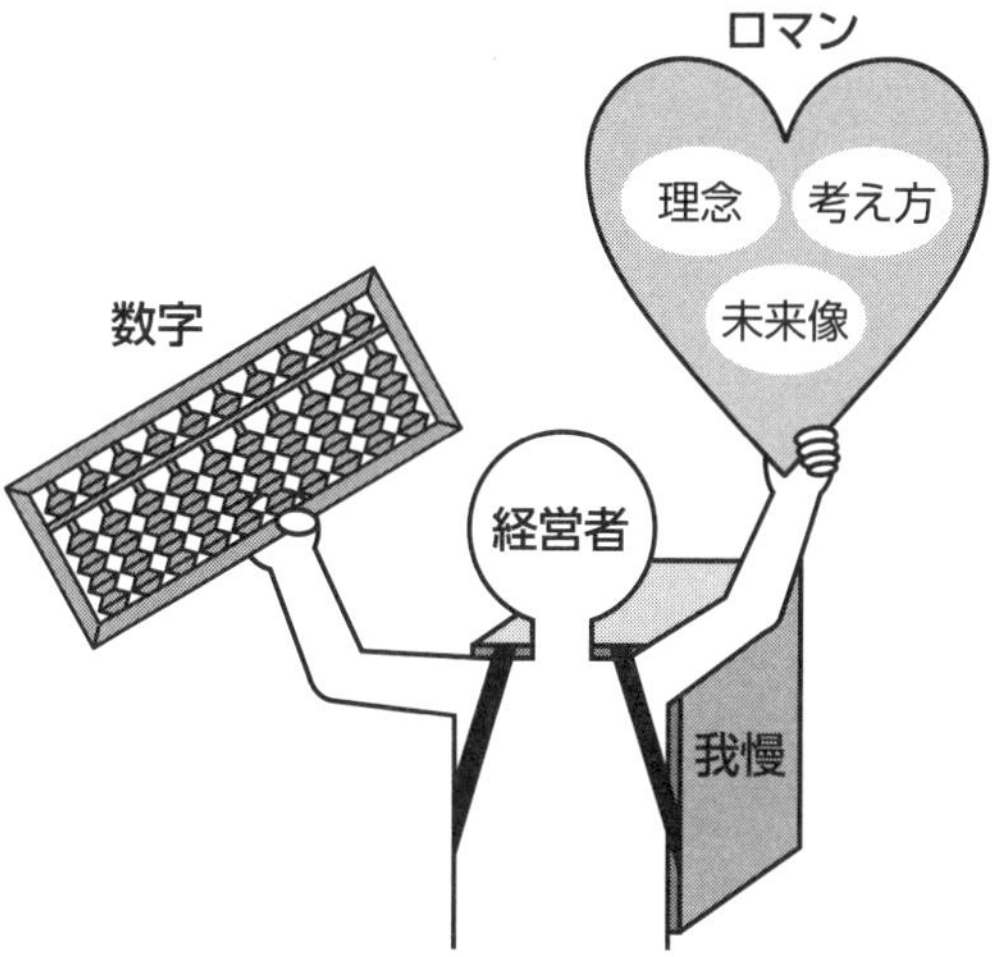

商売がそろばんだとしたら、これまで左手にロマン、右手にはそろばんを持って歩んできたでしょう。

並走期に経営者に持たされるのは我慢です。背中に我慢を背負って、並走しましょう。

大切なのは、**決断・判断を後継者に任せる**こと。自分が行う仕事の範疇を最低限に決めて、あとは任せましょう。

並走期間に後継者が行うこと

その間、**後継者は社長としての実力をつけ、実績を出す**必要があります。もちろん、承継前の実績もありますが、社長として出す実績はまた別です。社員または役員という立場でできることと、社長という立場でないとできないことがあります。

たとえば、貸借対照表（B／S）まで責任を負うことです。社員または役員としてチャレンジする際に負う責任は多くの場合、損益までです。任された店や事業という範囲で行ったチャレンジだったのに対して、**会社全体を見て行うチャレンジはまた別の意味があるでしょう。**

そのため、並走期間が終わるのは「周囲が安心するまで」となります。とはいえ、目標も決めずダラダラとしていてはいつまでも並走のままですから、3年前後を目処にしましょう。最低1年、長くても5年ぐらいです。

並走期のポイント

並走期は、会長と社長の分担を明確にすることが大切です。基本的に経営を行うのは社長であり、会長は見守る立場であることを忘れてはいけません。多少のことはぐっと目をつぶり、社長の経験値を高めるようにします。

ただし、会社の経営を揺るがすような大きな失敗をしそうなときには、会長が社長に助言し、軌道修正することも大切です。

つまり、並走期は後継者が実績を作る時期でもありますが、一方で並走期だからまだ失敗ができる時期でもあるわけです。本当にリスクが高いときには事前にストップをかけることもできるからです。

先代が会長として会社にいることで、チャレンジをよしとするムードを盛り上げることもできます。先代が自分の若い頃の失敗談を積極的に話して、糧にすることの大切さを語ることで、失敗を失敗としない雰囲気ができるでしょう。

新社長のチャレンジが実を結ぶようになってから、後継者が持つ株式の割合を少しずつ増やしていくことも可能です。

先代の目線、後継者の目線

後継者が犯しがちなミスがあります。経営者は広い視野が必要ですが、**もっとも注視しなければいけないのはお客様です。次がライバル。**この2つを合わせて「市場」です。表現を変えると、市場にいるのは「お客様」と「ライバル」の二者だけ。経営者は市場に目を光らせておかなければならないわけです。

理由はシンプルです。商品・サービスを提供するのはお客様であって、売上がやって来るのもお客様からだからです。

たとえばパソコンには売上データが日々、更新されていくでしょう。そのデータからの気づきは大切なものですが、それだけで「市場を見ている」とは言えません。

実際にお客様と会話をしてみる。雑談のなかで「今日はどうしてお店にいらしていただいたのですか?」などと聞いてみる。

「○○さんに紹介してもらったんですよ」という答えなら、その○○さんは自社にとって大切なお客様です。○○さんに特別なサービスを提供したほうがよいでしょう。

会話が紹介してもらった理由に及んだら、お客様にとっての魅力がわかるかもしれません。自社のセールスポイントの参考になるでしょう。

「あそこの看板を見ました」と言われたら、看板をもっと増やしたほうがよいかもしれないと次の展開を考えられるかもしれません。

これらは、ＰＯＳデータでは見えてこない市場の声です。**経営者には、市場にいるお客様の声を聞く機会が絶対に必要**なのです。

なぜ、その会社が成り立っているかというと、先代が長年にわたって市場を見て、その市場に合わせた事業構造を作り上げてきたからです。

ところが、後継者のなかには、お客様と接点を持とうとしない人がいます。特に、経理、総務、研究開発、品質管理の出身者に多いように感じます。

市場は変化をするものです。お客様は変わっていきます。それを認識しないまま事業を進めるのは論外です。

パソコンを見ているだけではなく、現場に足を運ぶ。お客様の声を拾い上げる。ときにはお叱りの言葉を真正面から受け止める。この繰り返しで、お客様の小さな変化をいち早く察知し、市場に対応することができます。

アナグマになりがちな後継者

最悪なのは、市場よりも社内に目が向く後継者です。残念なことに、後継者のなかには意外と多いのがこのタイプです。

たとえば「○○は仕事のスキルが足りていない」「○○課長は自分に反抗的だ」「○○部は全体的にたるんでいる」などと、社内の不足ばかりを気にかけ、それに対応しようとやっきになっています。

後継者として社員に認められていない、反感を持っている社員がいる、などが背景にあるのかもしれませんが、自らの姿勢を正し、結果を出せば周りはついてきます。

姿勢を正すとは、市場に目線を向けることです。現場に足を運び、お客様の声を聞き、市場に対応する姿勢を貫けば、周りは納得していきます。そして、それが結果を出す唯一の方法なのです。

【事業承継スケジュール表(例)】

	項目		現在 令和　年	1年後 令和　年	2年後 令和　年	3年後 令和　年	4年後 令和　年	5年後 令和　年
自社の数値計画	株価対策	1株当たり株価	10,000円	12,000円				
		対策						
	財務対策	現預金	50M	50M	50M	60M	70M	
		借入金	100M	80M	60M	50M	40M	
	業績対策	売上	3億円	3.1億円	3.2億円	3.4億円	3.5億円	
		利益	15M	20M	21M	22M	23M	
	その他の対策	保険・組織再編・etc…					○○保険ピーク→(対策案)	
承継者	年齢	(才)	65才	66才	67才	68才	69才	
	引継対策	役職	代表取締役社長	→	→	→	代表取締役会長	
		メモ	経営計画作成合宿	経営計画作成合宿	経営計画作成合宿	経営計画作成合宿		
	株式	数(%)	100株(100%)	85株(85%)	70株(70%)	60株(60%)	50株(50%)	
		種類株式・移動方法	暦年贈与	暦年贈与	暦年贈与	暦年贈与	暦年贈与	
後継者	年齢	(才)	47才	48才	49才	50才	51才	
	引継対策	役職	部長	取締役	→	専務取締役	代表取締役社長	
		メモ						
	株式	数(%)	0株(0%)	15株(15%)	30株(30%)	40株(40%)	50株(50%)	
		いつ?何を?						
	教育	実施月(日)	R2年6月までに	R3年4月	R4年4月〜			
		やる事	月次打ち合わせ同席 営業の引継ぎ	発表会で後継者宣言	後継者養成塾参加	経営計画作成合宿		

第1章　事業承継の準備を始めるなら今！

第2章　タイプ別　実務の進め方①　相続対策型
（現社長年齢・高　親族・内）

第3章　タイプ別　実務の進め方②　価値算定型
（現社長年齢・高　親族・外）

第4章　タイプ別　実務の進め方③　経営計画型
（現社長年齢・低　親族・内）

第 2 部

事業承継の実務
～「財産権」の承継は株式から考える～

事業承継には「財産権」の引き継ぎもあります。
できるだけお金をかけずに後継者に引き継ぐ、
同時に先代の引退後の生活を保障するという
２つを両立することを目指しましょう。
事業承継には４つのタイプがありますので、
タイプに応じた対策を中心に紹介します。

＊本書では割合が多い３つのタイプを取り上げます。

第 1 章
事業承継の準備を始めるなら今！

1

経営を支える財産権の承継

理念を引き継ぐ体制を作る

事業承継のうち財産権の承継は、とかく「なるべく税金がかからないように」という面だけで考えがちです。たしかに合法的に税金を抑えることは必要ですが、それだけではありません。承継した後の現社長の生活保障を考えると、なるべく高く株を買い取ることが望ましいのですが、後継者の金銭的負担、また会社の運転資金などを考えると、高額すぎる金額は避けたいところ。ベストのバランスをとる必要があります。

何より、事業承継で大切なのは、会社の永続的な発展です。承継後の経営がうまくいくことが大きな目的でしょう。経営権の承継についてはもちろんですが、財産権の承継についても、会社の永続的な発展を支えるものである必要があります。

財産権の承継は、経営権の承継をスムーズにするための仕組み作り、とも言えるわけです。

会社の資産を整理する

財産権の承継で中心的存在は株式です。ですが、そればかりではありません。

会社の経営資源は、人・モノ・金と言われます。事業承継時に引き継ぐのは、この経営資源です。

人は人材はもちろんですが、経営理念や社風も含まれます。どちらかというと経営権に深くかかわる部分です。

会社の財産は株式を所有している人に集中すると考えられるため、本書は株式の引き継ぎを中心に考えていきます。

モノにはさまざまな捉え方がありますが、株式はモノに含まれます。株式には議決権と配当権（配当を受け取る権利）、在余財産の分配権（会社解散の際に残った財産を配分する権利）があり、承継に大きな意味があるのは議決権です。後継者に株式を承継し、議決権を持たせることで、経営の実権を引き継ぐわけです。

また、株式以外でも、設備、不動産、ノウハウなどもモノに含まれます。これらも承継する必要がありますので、それぞれの名義を確認します。名義が法人になっていれば自社株式の承継でその他のモノも引き継がれますが、なかには現社長の個人名義の資産があるかもしれません。この場合は株式の承継では引き継がれませんので、対処策を検討する必要があります。

株式を引き渡す流れ

会社の経営を安定させるために株式の承継は不可欠ですが、中小企業の場合、自社株式に価値があるという認識を持ちづらい面があります。上場株式のように株を公開しているわけではないので、現実的には自由に株式を売買することはできません。そのため、財産価値を感じづらいわけです。

しかし株式を引き渡すためには、価値を算出しなければいけません。たとえば後継者に無料で株式を渡したりすると贈与と判断されるため、贈与税という税金コストがかかります。このようなコストをなるべく安くするために、株式の承継には準備の必要があるわけです。

株式を引き渡す際の流れとしては、次のようになります。

①株主構成を確認する……自社の株主が分散していないか。設立時に知人に出資をお願いした、得意先に株を持ってもらっていた、というパターンがよくある

株式の計算方法

	概要	相談したい相手
財産評価基本通達	国税庁が定めた贈与税・相続税・譲渡所得税など税金を計算する際に用いる計算式。公平性を念頭にしている。基本的には利益が出ている会社の株価は高く算出される	税理士
M&Aによる計算	会社の将来性はもちろん、買い手の会社にシナジーがあるかどうか等、価値を測る要素が多くなる。買い手にとって買収の価値があれば、その分、価格が高くなる	公認会計士

②現状の自社株式の価値を把握する……株価は毎期変動するため、自社の株式価値を把握する必要がある

③今後数年の自社株式の価値を推測する……5カ年計画等を作成し、それが達成された場合、株価はどのように変化するのか予測する

ここまで整理できたら、承継スケジュール表（121ページ）と照らし合わせながら、いつ、どの段階で、どの程度の株式を引き渡していくかを検討する必要があります。

株式の計算方法

株式の価値を計算する方法には、大きく2つあります。一つが国税庁が定めた「財産評価基本通達」による計算方法、もう一つがM&Aする際の

企業価値です。

財産評価基本通達

非上場企業の場合、上場企業と違って、株式の市場価値をつけることはむずかしい面があります。そのため、国税庁が「財産評価基本通達」で定めた方法で株価の計算をします。実務的には税理士に依頼して計算することが多いでしょう。

この方法は、基本的に贈与税、相続税、譲渡所得税など税金を計算する際に用いる計算式ですので、公平性があるものです。基本的に、利益を出し続けている会社は、それに沿って株価が上がっていくことになります。

M&Aの際の企業価値

M&Aする際の株式の算出は簡単ではありません。利益を出しているかどうかだけではなく、どんな人材がいるか、どんな将来性があるか、その企業を購入して自社事業とのシナジー効果があるかなど、さまざまな要素が絡んできます。

通常の買い物と同じように、「安いなら買いたい」と考える企業もいれば、「少しぐらい高くてもどうしても欲しい」と考える企業もいるでしょう。つまり、買い手によって評価額が違ってくるのもM&Aにおける株価なのです。

M&A時の株価を計算するのは、公認会計士やファイナンシャルアドバイザー、M&Aを扱う業者などです。多くの場合、これらの専門家がヒアリングしながら価格を査定していきます。

M&Aの株価のほうが、財産評価基本通達より高くなる傾向があります。財産評価基本通達による計算方法は「解散したらいくら残るか」という考え方に基づいているのに対して、M&Aは今後どれだけお金を稼げるかという将来キャッシュフローに着目して算定するからです。

現在、利益が出ていない会社であっても、買い手会社にとってシナジーが見込まれる前提なので、価値が高くなる可能性もあるのです。

承継・M&Aのどちらも選択肢である場合には

後継者候補が明確でないなど、まだ具体的に承継方法が定まっていない場合、承継もM&Aも選択肢として考えるのが通常でしょう。

この場合、財産評価基本通達による税法上の評価と、M&A時の評価の両方を確認しておくのがベストです。税法とM&Aの両方に精通した専門家はほとんどいませんので、複数の専門家に依頼する可能性が高いでしょう。

手間はかかりますが、現時点での評価を把握して、ベターなプランを選ぶ参考になります。

2 事業承継の形と税金

改めて、事業承継の形を確認しておきましょう。大きく分けると、親族・社員承継（関係者へ経営権を引き継ぐ）と、M&A（企業の売却）があります。

さらに、親族・社員承継には「親族内への承継」と「親族外への承継」があります。

後継者候補がいる場合

親族内への承継

もっとも多いのが現社長の子供への承継です。弟、甥や姪など、その他の親族に承継することもあります。

親族への承継では、学校を卒業して関連会社で数年修業をし、自社に転職という形で入社す

承継の形

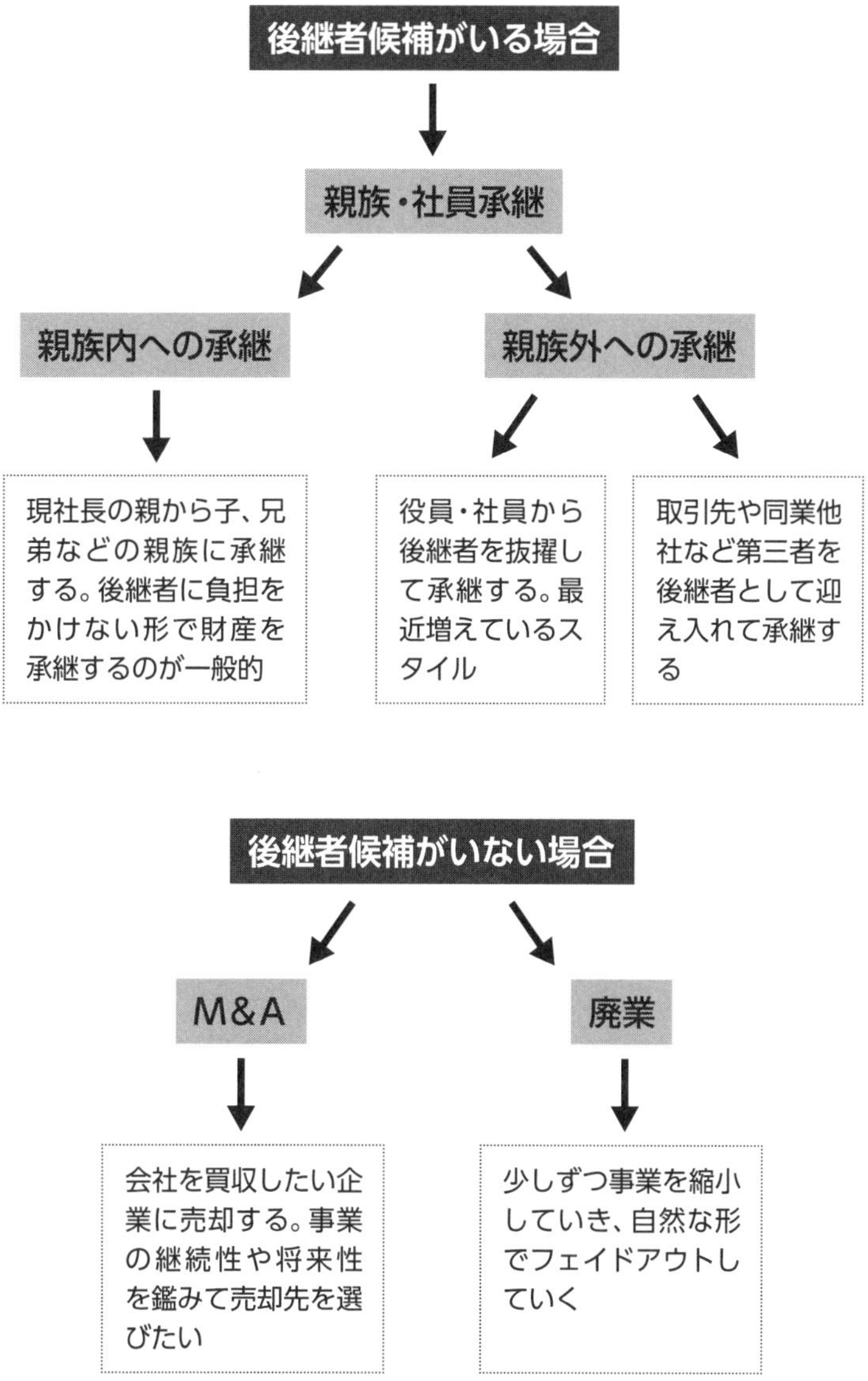
後継者候補がいる場合
親族・社員承継
親族内への承継
親族外への承継
現社長の親から子、兄弟などの親族に承継する。後継者に負担をかけない形で財産を承継するのが一般的
役員・社員から後継者を抜擢して承継する。最近増えているスタイル
取引先や同業他社など第三者を後継者として迎え入れて承継する
後継者候補がいない場合
M&A
廃業
会社を買収したい企業に売却する。事業の継続性や将来性を鑑みて売却先を選びたい
少しずつ事業を縮小していき、自然な形でフェイドアウトしていく

るパターンが多いようです。関係のない他社で働いていて、途中で跡継ぎとして入社することもあります。

このような場合、意外と現社長と一緒に仕事をする期間が短くなりがちです。そのため、意思が統一できていないなど、社員やお客様にとっては不安を感じることがありますので注意しましょう。

・関係する税金

親族への承継は、株式を無償もしくは特別に安価で譲った場合、贈与税の対象となります。また、死亡時に引き継ぐ場合には相続税の対象となります。

親族外への承継

親族外への承継で多いのは、社員・役員のなかからの抜擢です。長年、共に働いてきた相手ですから、経営理念・姿勢は現社長からの影響を大きく受けている可能性が高いと言えます。事業承継後も会社の雰囲気が大きく変わらないため、社員が思っている以上に安心するというメリットがあります。

ただし、後継者に引き受けてもらえるかどうかで悩む社長は少なからずいます。この場合は、後継者と指名する以前に、経営計画書を作成するプロジェクトに参加してもらい、将来像やビジョンを現社長と共に作っていくとよいでしょう。互いの考え方のすり合わせ、後継者の見極めができ、後継者の話も切り出しやすくなります。

●第三者を後継者として抜擢する

親族外への承継では、数は多くないものの、社員・役員でもない第三者を後継者として社内に招き入れることもあります。たとえば、取引先や同業他社、銀行に紹介された人などを後継者とします。

この場合、経営スキルを持っていることを理由にヘッドハンティングのような形で抜擢することが多いのですが、経営理念を引き継げるかどうかが課題となります。

●関係する税金

通常、第三者に無料もしくは特別に安価に株式を譲ることはありません。どちらかというと、適正な価格で株式を買い取ってもらいます。株式を売却して得た現社長の売却益には、譲渡所得が課せられます。

後継者候補がいない場合

後継者が見つからない場合には、M&A（会社売却）か、廃業の2つが選択肢になります。

M&A

M&Aの場合は、できるだけ高く株式を売却したいと考えるのが一般的です。とはいえ、事業の継続性や将来性も考え、社員やお客様にとって、よい相手と話がまとまるのが理想的でしょう。

徐々に小さくする間、経営者に無理が出るようであれば、M&Aのほうが社員にとってもよい面があります。たとえば経営者が自分の役員報酬を社員の給与にあてながら小さくしていくような方策なら、別の企業に引き継いでもらったほうが将来性があるからです。

廃業

廃業は、今すでに高齢の社長が選択するケースが多いようです。M&Aに馴染みがない世代で、人様に迷惑をかけない、売るのは何となく罪悪感がある、といったマインドの社長が、徐々に事業を小さくして、フェイドアウトのような形で廃業します。

ただし、廃業するには会社に残っている債権と債務を清算する手続きを行う必要があり、資産・負債の状況に応じて変わりますが、1年近くの時間を要することもあります。計画的に行うようにしてください。

・M&Aの税金

M&Aは株式を高値で売却することが多くなるため、現社長の売却益に対して譲渡所得が課せられます。

3 事業承継対策は4タイプに分かれる

財産権の承継については、さまざまな方法があり、どれがよいかは会社の状況によってケースバイケースです。そのため、具体的な対策はオーダーメイドで検討しなければいけません。ただし、会社の状況によって方向性はあります。この状況によって、何を優先的に対策を立てていかなければいけないか、傾向があるので、まずは自分がどのタイプに当てはまるかを確認しましょう。

タイプの見極め方

タイプは、縦軸と横軸の2軸で判断します。

- **縦軸**……現社長の年齢が高い（65歳以上）か、低い（65歳未満）か（事業承継の緊急度を判断する）
- **横軸**……後継者は、親族内か、親族外かこの2軸で分けると、各会社のポジションが4つに分かれます。

相続対策型（現社長年齢・高　親族・内）

現社長の年齢が65歳以上になっていると、事業承継は待ったなしです。残された時間が多くあるわけではありません。

多くの経営者は70歳前に引退したいと考えていますので、やはり60歳くらいで後継者が決まっていないと「緊急度が高い」と判断せざるを得ません。短期間で株式を後継者に動かす必要があります。

やはり10年かけて株を移動させるのと、3年で動かすのとでは、方法がまったく異なってきます。思い切った対策が必要になります。

また、現社長の相続対策も同時に行います。親族が株式を引き継ぐと現社長の死亡時に相続税の対象となってくるため、遺言書の作成と事業承継を同時に進めていきます。

●よくあるケース①　経営が順調で株価が上がっていた

A社の後継者は以前から息子と決まっていました。ところがずるずると承継が先延ばしになったのは、経営がうまくいっていて、現社長の健康にも問題がなかったからです。引き継ぎのタイミングを迷っているうちに時間が経ってしまいました。

いざ株式を息子へ移動しようとしたら、業績が順調な分、株価が1億円を超えていて慌ててしまったようです。他の財産状況によりますが、株価が1億円を超えると、相続税が高額になってしまいます。当然ですが、株式の売却ではないので、現金の入金はありません。

現金はないのに税金のみを支払うのは簡単ではありませんから、なるべく税金の負担が少なくてすむように株式を移動させる方法はないか、と悩んで相談されてきました。

●よくあるケース② 株式以外に大きな資産がない

後継者は長男と決まっているB社。子供は長男のほかに長女と次男の3人です。長男以外は自社とは関係のない仕事についています。

父である社長は長年、会社のことに集中していたため、個人の財産を築くことをあまりしていませんでした。資産のほとんどは会社の株式で、ほかには不動産を少しと預貯金です。そのため、息子に株式を引き継ぐと、ほかの2人の子供から見ると「財産のほとんどすべてを長男に相続した」と見られかねません。

このように、会社のことと家族のこと、両方が絡んでくるのが相続対策型と言えます。

事業承継の4タイプ

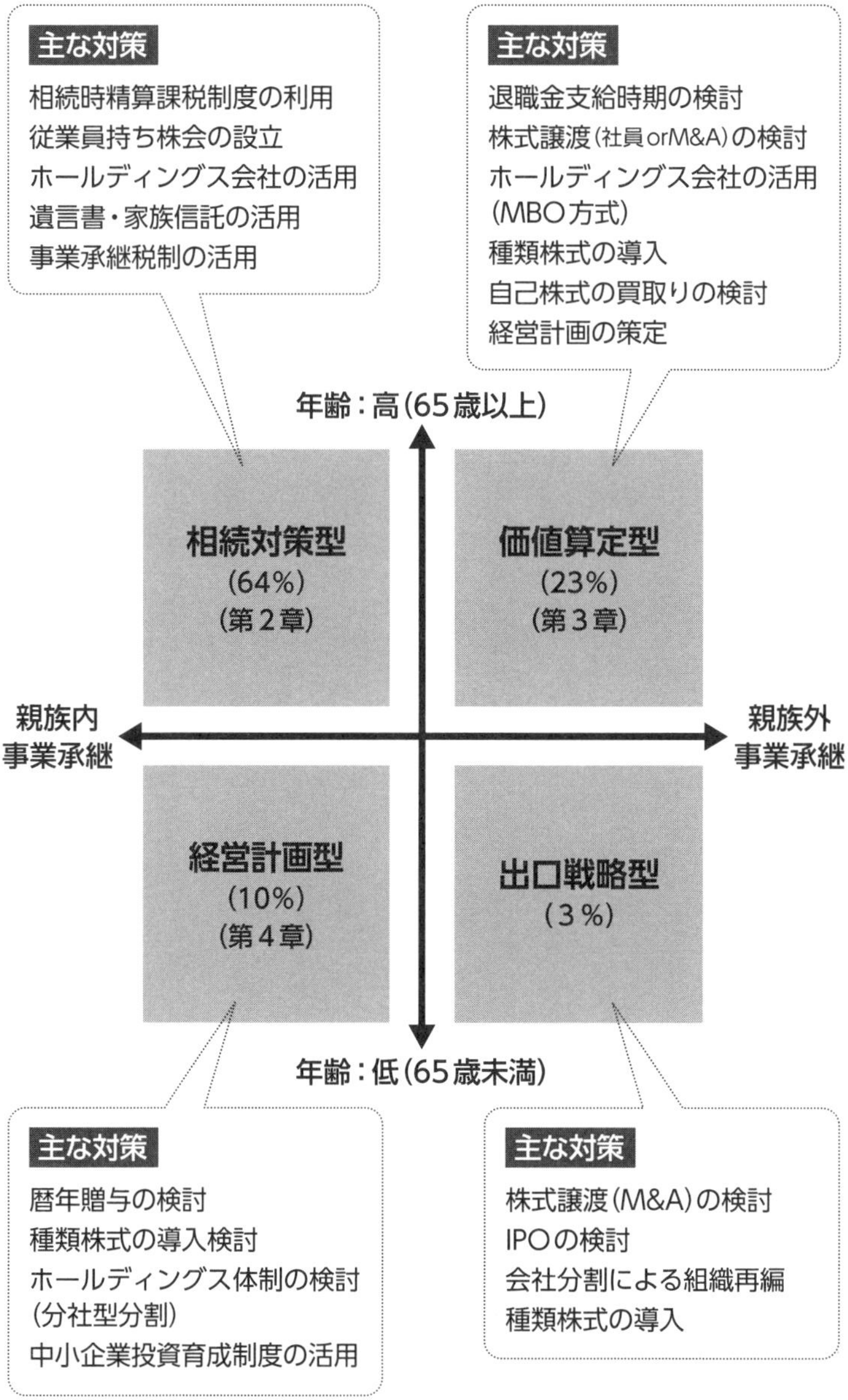

*( )内は古田土経営がサポートした、または相談を受けた事業承継のタイプ別割合

●後手に回る理由は各社ほとんど同じ

後継者がいるのに承継が遅くなってしまうのは、たいてい「なんとなく時間が過ぎた」「引退するのがさみしくて先延ばしにした」といった理由です。**準備を早く始めるほど対策の幅は広がりますので、引退時期を先に決めて実行するようにしましょう。**

もし「まだ完全に引退するのは心残りがある」というなら、今の会社は後継者に引き継ぎ、別会社を作って現社長はそちらの仕事をする方法もあります。ホールディングス体制などもよい方法です。

価値算定型（現社長年齢・高　親族・外）

現社長の年齢が65歳以上で、親族に後継者がいない場合です。対策としてM＆Aも視野に入ってくるため、会社の価値が論点になってきます。「会社の価値はいくらだから、この価格のものを誰にどう渡せばいいのか」と考えていくことになります。

たとえば後継者が社員なら、後継者が銀行から融資してもらって株式を購入するのか、それとも別の会社に買ってもらうのか、などが大きな課題となります。

価値を算定してもらうのは公認会計士が第一候補です。M＆A業者でも計算してもらえますが、結論を急ぎすぎるきらいがありますので、まずは付き合いのある会計事務所に相談してみましょう。基本的に会計事務所とは長い付き合いがありますから、自社の不利になるようなことはしないという安心感があります。

もしくは、商工会議所などの事業引き継ぎ支援センターなどで相談するのもよいでしょう。

●よくあるケース：子供が別の仕事で生活している

「息子が上場企業で働いていて、すでに結婚もしていて落ち着いた生活を送っている」などの場合、親から「継いでほしい」と切り出しづらいものがあります。「継いでくれるといいな」と淡い期待を抱きながら、ずるずると現社長の年齢が上がってきました。

一方で社員のなかにも経営を承継できる人材もおらず、いよいよ高齢になってきて「今後どうすればいいのだろう」と悩むケースです。

経営計画型（現社長年齢・低　親族・内）

現社長がまだ65歳未満であれば、事業承継までに5～10年くらいかけられます。たとえば50代後半～60歳くらいの現社長と、息子が20代後半～30代前半ぐらいの息子というケースです。建設業などに多く見られます。早くに息子は家業に入っているので、息子自身も周囲も後継者であることは認識していることがほとんどです。

このような場合は、現社長もまだ若く、承継までに時間があるので、将来のビジネスモデルのなかで、今後伸ばしていきたい事業を息子中心にしてチャレンジさせるとよいでしょう。現社長と後継者が力を合わせて、将来にわたる事業構造をしっかり作り込む時間があります。

同時に、財産権の承継についても時間をかけて行うことができます。株式の価格が高くなっても、時間をかけた相続対策ができますので有利です。

今後の事業を計画的に作っていけること、株式の引き継ぎを計画的に行っていけることから、「経営計画型」としています。

出口戦略型（現社長年齢・低　親族・外）

出口戦略型はこれまで紹介してきた事業承継のパターンとは毛色が少し違います。

年齢層は30〜40代が中心で、自分たちの事業を今後どのようにスケールさせていくかという思考が強いタイプです。社長がこうしたタイプの事業承継は、M&AやIPOなどが中心となります。

具体的には、事業を大手企業に売却し、自分は事業部長などの肩書で仕事を続けるケースです。いったん株式を現金化して財を成すことができますし、大手企業の豊富な経営資源を利用して事業を成長させやすくもなります。

大手企業に売却した後、売却益でセミリタイアしたり、次の事業を始めたりする人もいます。

タイプ別の対策は組み合わせが基本

ここで紹介しているタイプ別の代表的な対策は、「1つを選択する」というより、「複数の対策を組み合わせて行う」のが普通です。

この組み合わせ方がケースバイケースの部分で、自社の状況に合わせて対策を選び、組み合わせる必要があります。どれか1つをして対策は十分、というわけではないことに注意してください。

第 2 章

タイプ別　実務の進め方①

相続対策型

（現社長年齢・高　親族・内）

1 相続時精算課税制度を利用する

相続対策型の主な対策は、以下のとおりです。

- 相続時精算課税制度の利用
- 従業員持ち株会の設立（154ページ）
- ホールディングス会社の活用（159ページ）
- 遺言書・家族信託の活用（163ページ）
- 事業承継税制の活用（169ページ）

相続時精算課税制度は相続と贈与をひとまとめにした制度

通常、人が死亡した場合、その財産は相続人に渡り、相続人には相続税が課税されます。し

相続対策型

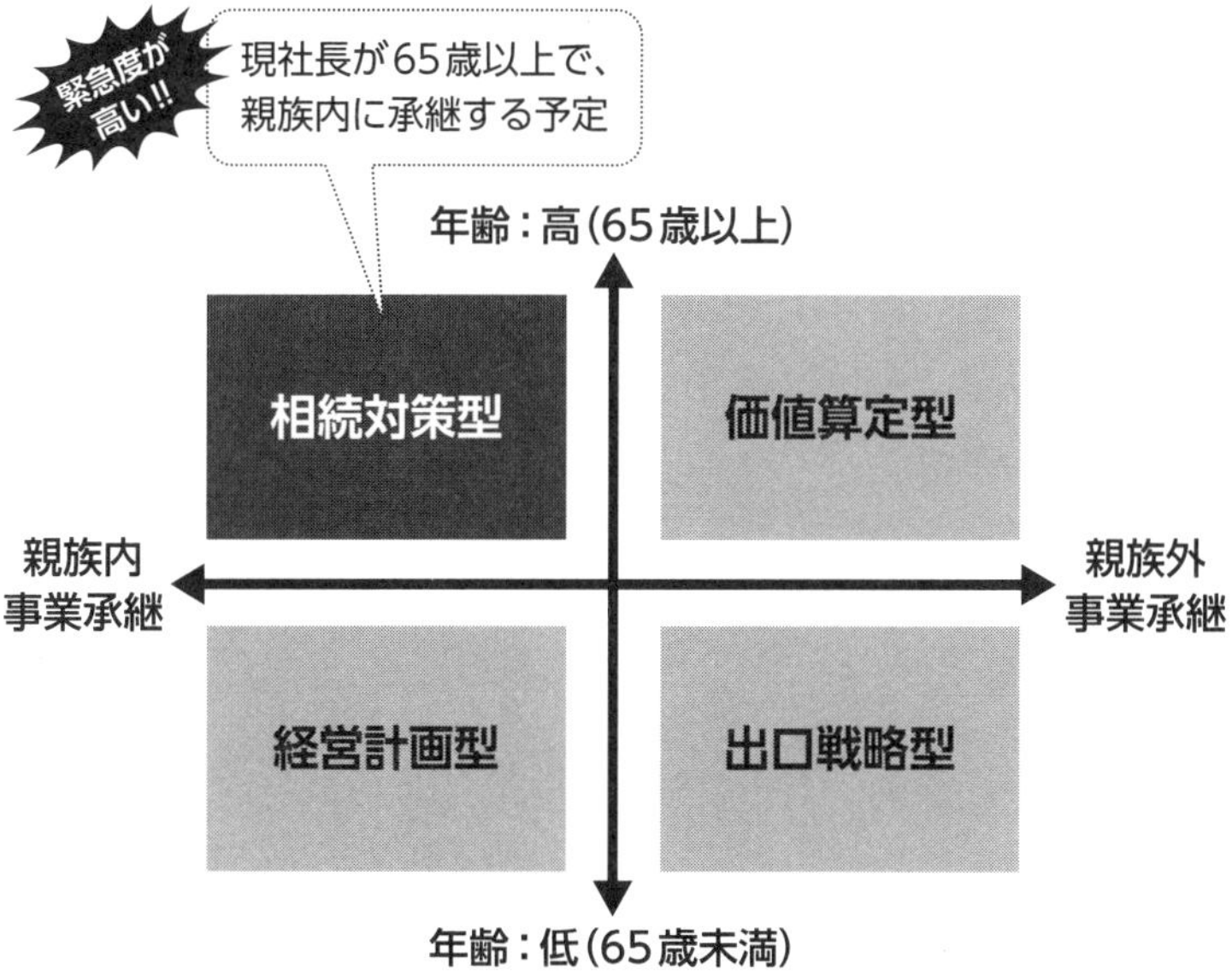

相続時精算課税制度の概要

税額の計算方法	(課税価格－2,500万円)×20%
贈与者の条件	60歳以上であること
受贈者の条件	20歳以上の子および孫
納付	贈与時に納付し、相続時に精算する(贈与税の計算時に支払い済みの贈与税額を控除できる)
節税効果	時価が上昇する場合は効果がある
注意点	一度選択すると、従来の贈与制度が適用できない

かし、生前に相続人等に財産を贈与していた場合、相続時の財産が減少するので相続税がかからなくなってしまう、もしくは安くなってしまいます。

そのため、財産を贈与したときにも税金を課すわけです。これが贈与税で、贈与税は相続税の補完税としての役割を担っています。

少し厄介なのは、〝贈与税のほうが相続税に比べて税負担が高くなる傾向がある〟点です。思い切った生前贈与がしにくい傾向があるのです。

こうしたなかで、若い世代に少しでも財産を移して活性化したいという視点からできた制度が相続時精算課税制度です。

相続時精算課税制度は、この相続と贈与をひとまとめにするイメージの制度です。生前贈与された資産について2500万円まで贈与税を非課税にし、2500万円を超えた部分にその超えた部分の金額の20％を贈与税として納税します。

いざ相続が発生した際には、生前贈与した財産を加えて算出した相続税から、すでに支払っていた贈与税を引いた額を納税するわけです。もし贈与税額のほうが相続税より多ければ、還付を受けます。

なぜ税金面で有利になるのか

相続時精算課税制度は、生前贈与を相続資産として考え、相続税の仮払いをしているようなものとも言えます。この点からいうと、相続税の節税になるわけではありません。

ポイントは、**「生前贈与した時点」と「相続が発生した時点」で、財産の価値が変わっているかどうか**です。

生前贈与の時点より、相続の時点のほうが財産が高く評価されるなら、節税になると考えられます。納税額を生前贈与時点の価格で計算するからです。

基本的に、業績のよい会社の株式は右肩上がりで上がっていきます。生前贈与時点の株価より、相続発生時点の株価のほうが高くなっているはずです。そのため、相続時精算課税制度には節税効果があると考えられます。

反対に、生前贈与を受けたときより、相続が発生した時点のほうが株価が下がっている場合には、税金面で不利となってしまいます。

株価が下がるときがチャンス

財産権の承継で大切なことは、まず自社の株式の価値を知ることです。さらに忘れてはいけないのが、株価は毎年変動するということ。利益が出れば株価は上がり、利益が下がれば株価も下がります。

「利益がいくら出続けると、10年後には株価がいくらくらいになっている」という予測は、ある程度計算できますので、株価のシミュレーションも不可欠になります。

もちろん、不測の事態が起きて、経営環境が悪化することがあるかもしれません。たとえば新型コロナウイルスの流行で利益が下がったり、赤字になったりすると、株価は下がります。ただし、その環境悪化が一時的なことであれば、しばらくするとまた元に戻ります。利益の回復と比例して株価も上がってくるのです。

「退職金を払って利益が下がった」など一時的に利益が下がるタイミングがチャンスです。

このように、株価は一定ではないという特徴を活かして相続時精算課税制度を利用するわけです。

つまり、利益が下がった、または赤字になったときに相続時精算課税制度を利用した贈与を行うと、相続発生時の価値の上がり幅がより大きくなるので、有利になります。

たとえば現在の株価が2000円だとしましょう。事業が順調な会社で、10年後には1万円になっていると予測されています。その10年後に先代の社長が亡くなってしまいました。この場合、相続資産としての株価は1万円で評価されます。

評価額が8000円も違うのですから、これだけでも税金面では有利になっています。

しかし、株価が2000円だった3年後、退職金の支払いがあり、この年だけイレギュラーに利益が下がったとします。この年の株価は800円になってしまいました。

この株価が下がった段階で贈与をして相続時精算課税制度を選択すると、800円で評価ができます。評価額に9200円もの違いが出てくるわけです。

繰り返しますが、これは相続時に「株価が上がっている」という前提が成り立てば有利になる仕組みです。相続発生時（経営者の死亡時）に、株価が下がっていた場合には逆に納税額が多くなるので注意してください。

2 従業員持ち株会を設立する

そもそも、贈与時・相続時に課税対象とされるのは「1株あたりの単価×株式数」です。株の総価値が対象となるわけです。

そのため、この総価値を下げるためには、「1株あたりの単価を下げるか」「移動する株式数を減らすか」のどちらかになります。1株あたりの単価を下げる方法が、前項の相続時精算課税制度を利用したもので、一時的でも株価が安くなったときの価値で計算する制度です。

一方で、移動する株式数を減らす方法のひとつが、従業員持ち株会の設立です。

従業員持ち株会のメリット

安定した経営体制を築くためには、安定株主の存在が必要です。かといって、後継者にすべての株式を持たせると、株式数が多すぎて株の総価値が上がってしまいます。

たとえば1株あたり1万円の株式を1万株発行していたら、総価値は1億円です。全株式を後継者に移すと、1億円に相続税がかかってしまいます。

これを、たとえば7000株を後継者に、残りの3000株を従業員持ち株会に持たせるわけです。後継者が支払う相続税の対象となる資産額が減りますので、負担が軽くなります。

従業員持ち株会の株価は低く評価される

相続税の場合、株価は「誰が誰に渡すか」によって金額が変わるのがポイントです。後継者の場合、会社の経営権を持ちたい、会社の支配権を持ちたいというのが前提にあります。そのために株式の過半数を保持し、議決権を持ちます。

一方、数株しか持たない少数株主は会社の議決権に大きく関与することはできません。数株程度では、会社を解散することもできないし、役員報酬を増やすこともできません。経営権を握れないのに株式を持とうとする動機は、「配当」です。少数株主は、配当を目的に株式を購入します。

そのため、従業員持ち株会の株価は、「特例的評価方式」という方法で評価されます。この評価方法は、配当の有無とその金額によって株価が変わる算定方式です。評価対象の会社の利

◎ 従業員持ち株会を設立した場合の相続税負担イメージ ◎

◉全株式（1万株）を後継者に移した場合（1株あたり1万円）

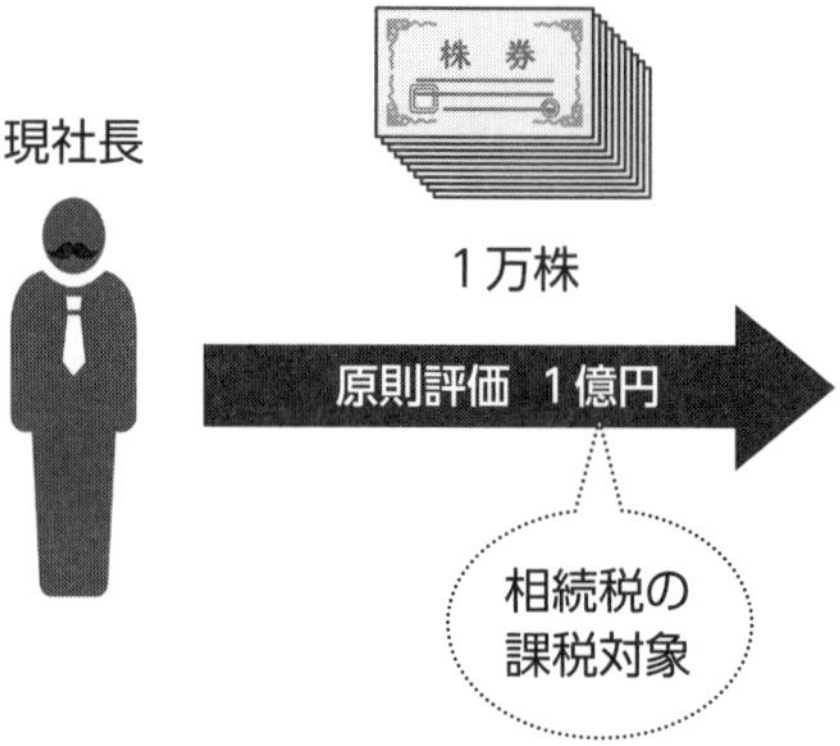

◉7,000株を後継者に、3,000株を従業員持ち株会に

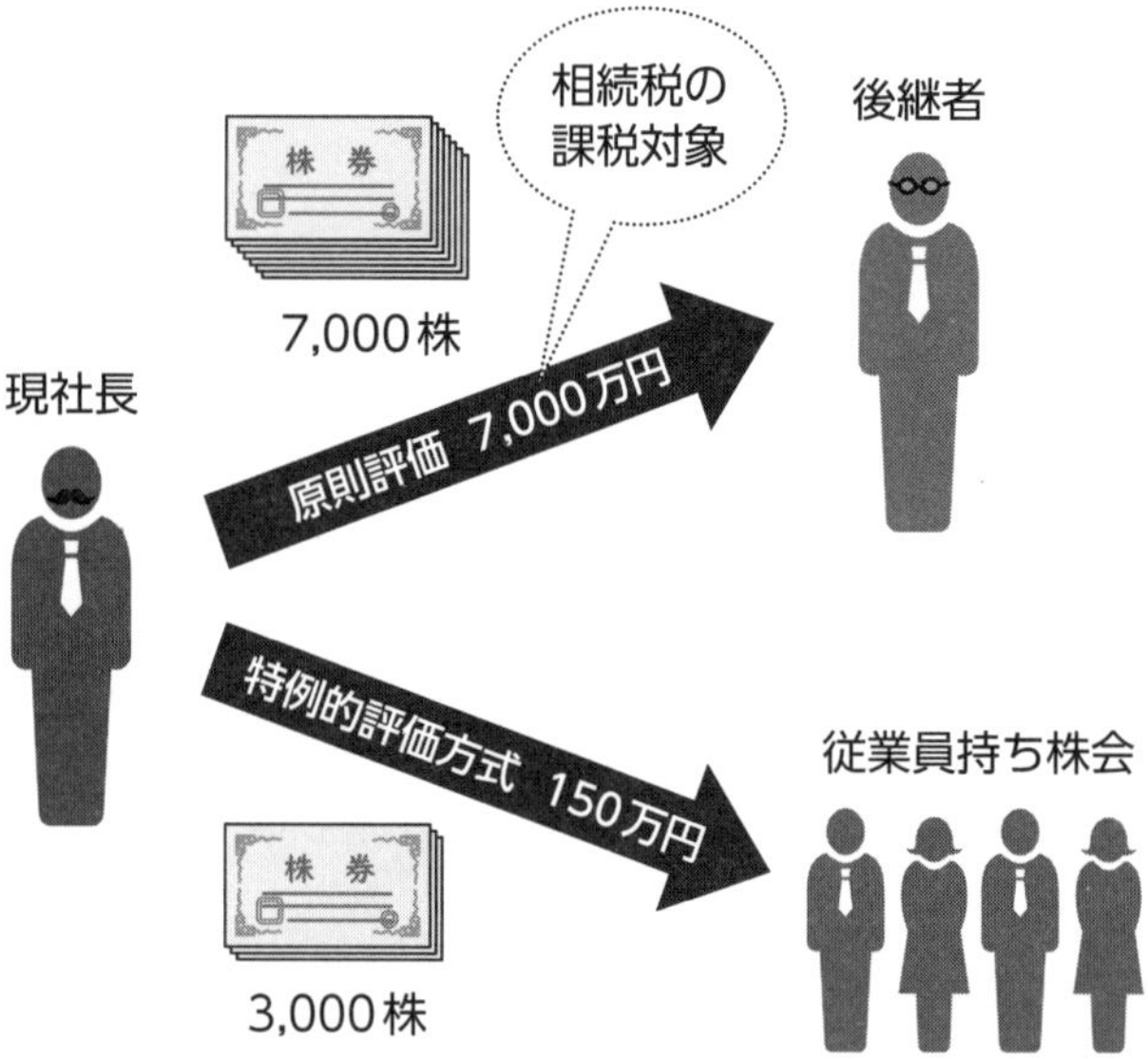

益や純資産に基づいて評価をするではありません。

ポイントは、**多くの中小企業で配当を出していない**という点にあります。

そのため、財務体質が良い会社の場合、支配株主に適用する原則評価より、非常に低額になります。

たとえば1株あたりの額面が1000円の会社が順調に利益を出し続けていたとします。事業承継のタイミングで親族の後継者に株式を譲渡および贈与しようとしたら、税法上の評価は1株あたり1万円でした。

しかし、仮にこの法人が配当を出していなかったとすると、少数株主である従業員持ち株会に株式を譲渡する際の税法上の評価は500円となるのです。

社員にとってのメリット

繰り返しになりますが、社員にとって持ち株会を通して自社株を持つメリットは配当です。配当は、額面に対して5〜10%にしている企業もよく見ます。金融機関の金利が0・01%の時代ですから、ずいぶん大きいと言えます。

50万円程度購入すると、2万5000〜5万円程度の配当を受け取ることができるうえ、退職時には元本を持ち株会が買い取ります。つまり、会社の状態が悪くない限りは元本が保証されているわけです。10年ほど株を持っていると、配当で25～50万円ほどの配当を受け取れ、さらに元金も保証されていることになります。

従業員持ち株会の形はさまざま

会社から見ると、相続税対策、経営の安定という意味がある社員持ち株会ですが、社員にとってみると福利厚生という意味合いもあります。株を持つことで愛社精神を高めることにもつながるでしょう。

従業員持ち株会は、広く社員に持たせるのか、一部の社員のみに募集するのかを規約で定めることができます

たとえば、役員持ち株会などとして、経営幹部のみに株式を持たせることもできますし、「入社して10年以上経てば持ち株会に入れる」など、自由に設計できます。

実務的には、社員数が少ないと従業員持ち株会はあまりおすすめできません。制度上は会員2人から設立できますが、少なくとも30人以上が目安で、できれば50人以上いると安定的な持ち株会が運営できます。

3 承継の負担を軽くできる ホールディングス会社を活用する

通常、経営者が持つ自社の株式を後継者に引き渡すことで、財産権の承継とします。このようなストレートな方法ではなく、持ち株会社を設立して、その持ち株会社に株式を移転する方法があります。いわゆるホールディングス会社です。

現在の会社を１００％子会社にする

まずはホールディングス会社となる新会社を設立し、現在の会社（これ以後、事業会社と表記）の株式をすべて、このホールディングス会社に移します。これで現在の会社はホールディングス会社の１００％子会社になります（手法については株式交換・株式移転などの組織再編とする場合もある）。

さらにホールディングス会社の社長に現社長（先代）が、１００％子会社となった事業会社の社長に息子など後継者が就きます。後継者は１００％子会社の社長なので、ある意味では先代の院政のようなものです。万が一、後継者に問題があれば、先代が後継者を解任することもできます。

この方法のメリットは、先代に後継者を見守るポジションを作ってあげられることです。事業承継が遅れている相続対策型ですから、一刻も早く承継を進めたほうがよいのですが、それを阻む要因がいくつかあります。

たとえば、先代の今後の生活です。後継者が自分の子供など親族の場合、株式の引き渡しの際に売却というかたちをとることはあまりありません。創業者利益を得ることなく引退生活に入ってしまうこともあり、今後の生活費を心配するケースがあるわけです。

その点、ホールディングス会社の社長に就任すれば、そのホールディングス会社から役員報酬を受けることができます。先代にとっては新たな居場所もできますから、事業承継に前向きになりやすいわけです。

また、ホールディングス体制を構築することで、副次的に株価を抑制する効果が生まれます。ホールディングス会社のＢＳ（貸借対照表）には子会社株式として事業会社の株式が計上され

ホールディングス会社を設立する

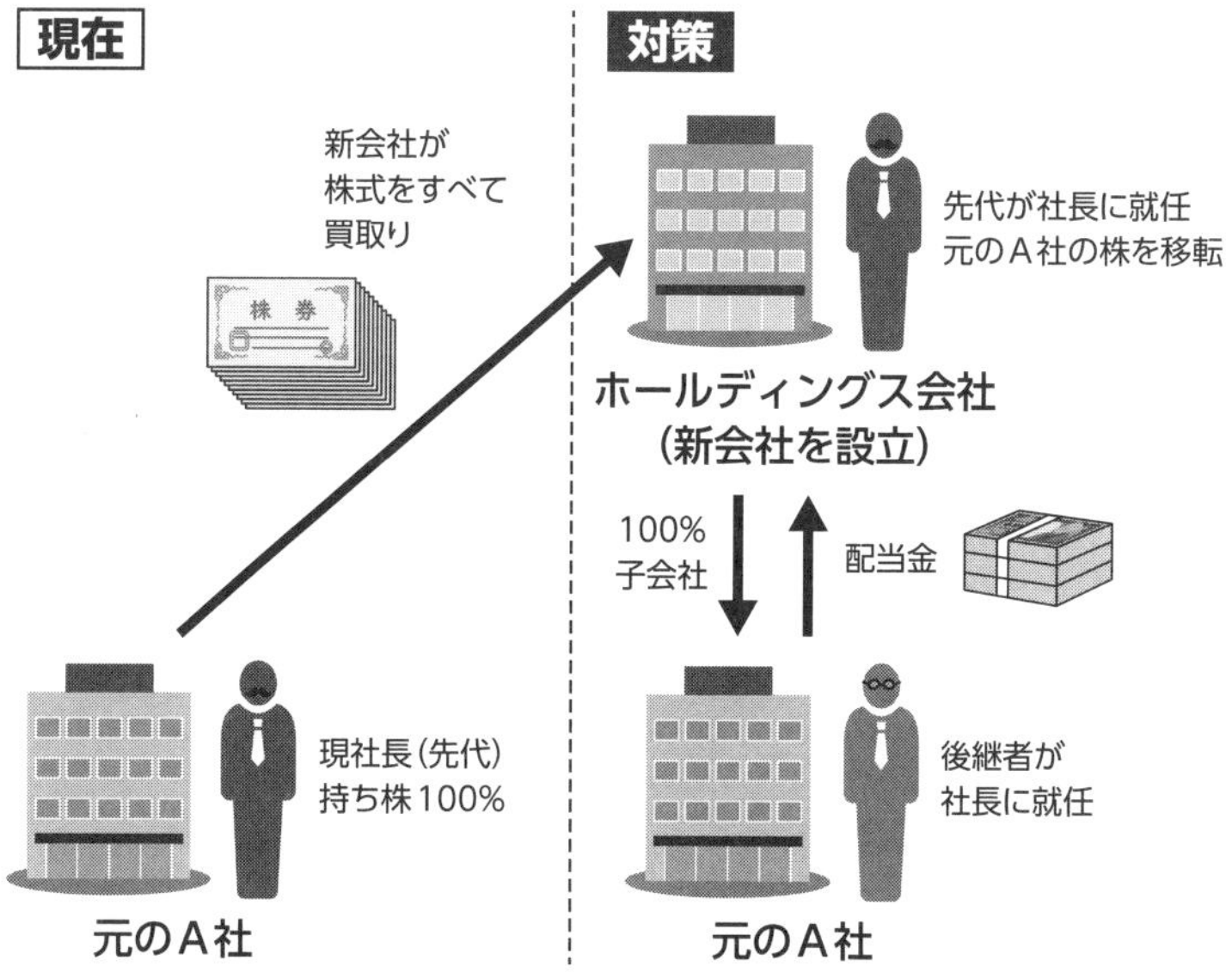

ています。事業会社（子会社）の業績が順調に推移した場合、事業会社（子会社）の株価はホールディングス体制を構築した時点から年々上昇することになります。

詳細は割愛しますが、ホールディングス会社の株価算定を行う際に事業会社の株式価値の上昇分のうち37％分は控除してよいことになっています。結果としてホールディングス体制を構築すると現状からの株価上昇分を37％抑えられることになるのです。

ホールディングス会社の売上は何か？

先代はホールディングス会社から役員報酬を受けますが、ホールディングス会社の売上はどこから作るのでしょうか。これは、事業会社からの配当金になります。

事業会社を１００％子会社にする理由はいくつかありますが、そのなかの一つに「１００％子会社からの配当金は課税されない」があります。ホールディングス会社の収入ではありますが、税金がかからないので、元の会社のお金をホールディングス会社に寄せて管理する、という方法がとりやすいわけです。

従業員持ち株会と組み合わせる

事業会社の株式はすべてホールディングス会社が持っていますから、事業会社で従業員持ち株会を設立することはできなくなります。そのため、従業員持ち株会と組み合わせる際には、ホールディングス会社のほうで設立します。

社員が事業会社の社員であっても、ホールディングス会社の持ち株会に入ることはできます。従業員持ち株会の規約として「事業会社Ａの社員であること」などとしておくわけです。

4 遺言書・家族信託を活用する

基本的に、財産権の承継は対策法を１つ選んで採用するのではなく、いくつかを組み合わせて自社に合う方法にするものです。

ただし、相続対策型では、できる限り遺言書を作成することをおすすめします。

人生１００年時代を迎えている現代ではありますが、65歳を過ぎたら万が一に備えておくことも大切です。親族内承継では、兄弟間など関係性が近いがゆえに、余計に当事者同士では財産分与などが決められないことがあります。事実、トラブルから裁判などになるケースが年々増えています。

渡す側が遺言書などでしっかり財産分与を決めてあげておくことが親族内でのトラブルを防ぐ一番の方法なのです。

後継者以外の法定相続人への配慮

基本的に自社の株式は後継者に持たせて安定的な経営体制を作るのが事業承継です。しかし後継者以外に法定相続人がいた場合にはどうなるでしょうか。

たとえば子供が３人いて、そのうち長男に会社を承継させたとしましょう。先代の遺産は会社の株式が１億円、不動産や預貯金が５０００万円です。

後継者の長男に株式１億円を相続させたら、あとの２人は不動産と預貯金を２５００万円ずつ分けることになってしまいます。長男と比べると不公平な印象です。

後継者は役員報酬も受け取れますから、儲けを出せる会社であれば、将来にわたっても不公平と捉えることもできます。最悪の場合、兄弟間の争いになっても仕方がない状況です。

そのため、現社長は遺言書を作成しておく必要があります。兄弟同士で遺産の分割を決めると、なかなか全員の納得感を得られません。極端な場合、たとえ同額で分けても「自分のほうが親に◯◯していたのに」と不満を持ってしまうことがあります。

ところが親が決めたことは、心の中で多少の不満が残っていても、飲み込んで親の意向を尊重するケースが増えます。兄弟間の信頼関係をつなぐためにも、遺言書は作成しておくべきでしょう。

完全には不可能かもしれませんが、後継者以外の相続人にも配慮して、できるだけの平等を心がけたことが伝わるようなものにします。

遺言書に付言《ふげん》をつけるとよいでしょう。法的な効力はありませんが、付言に感謝の気持ちや想いを伝えると、相続人は納得しやすくなります。たとえば、

「まず、みんなに伝えたいことがあります。私の望みは、家族兄弟が末永く仲良く助け合ってくれることです。私は、○○たちに恵まれ、充実した人生を送ることができました。ありがたいことに残った財産は皆に分けようと思います。私なりに皆の状況に応じた財産の分け方を考えたつもりです。それでも皆一人ひとりからすると不満に感じることもあるかもしれませんが、わだかまりにならないことを望みます。」

などの付言を添えておくと、思わぬトラブルを避けることができるでしょう。

言うまでもありませんが、遺言書の作成の際には、遺留分についても念頭に入れておきましょう。

遺留分とは相続の最低保障分

亡くなった人の財産を相続できる人は法律で決まっていて、これを法定相続人といいます。

さらに法定相続人の優先順位も定められていて、上位の人がいる場合には下位の人に相続権はありません。

①第一順位……子や孫など（直系卑属）
②第二順位……父や母など（直系尊属）
③第三順位……兄弟姉妹・甥姪など（傍系の血族）

これらの法定相続人が財産を分ける目安も決まっていて、これを法定相続分といいます。たとえば配偶者と子供が相続する場合は、2分の1ずつです。子供が複数いる場合には、2分の1をさらに子供の数で均等に分けます。

ただし、法定相続分は目安であるうえ、故人の遺言書がある場合には、遺言書が尊重されます。この場合、法定相続割合にはとらわれません。「自社株式を含め、すべての財産は後継者である長男に引き継がせる」などと遺言書に書いてしまうと、長男以外の家族の生活が保障されなくなってしまいます。

そのため、相続人に最低限の相続分を保障しているのが「遺留分」です。

遺留分

法定相続人	配偶者	子	父母	遺留分の合計
配偶者だけ	$\frac{1}{2}$	—	—	$\frac{1}{2}$
子だけ	—	$\frac{1}{2}$	—	$\frac{1}{2}$
配偶者と子	$\frac{1}{4}$	$\frac{1}{4}$	—	$\frac{1}{2}$
父母だけ	—	—	$\frac{1}{3}$	$\frac{1}{3}$
配偶者と父母	$\frac{1}{3}$	—	$\frac{1}{6}$	$\frac{1}{2}$

もし多くの財産を後継者に引き継がせたいなら遺言書は有効だけれど、それ以外の相続人の遺留分に配慮した配分にしなければ、あとあとトラブルを起こしかねないと言えます。

なお、遺留分が認められるのは、配偶者、子や孫（直系卑属・代襲相続人を含む）、父や母など（直系尊属）です。兄弟姉妹には認められていません。

家族信託を利用するケースもある

遺言書の代わりに家族信託を利用することもあります。家族信託を利用したほうがよいケースはさまざまありますが、もっとも代表的なのが認知症対策です。

高齢化社会が進展しているからか、現社長のなかには後継者がいるのになかなか事業承継を進めない人もいます。一生現役を目指しているのかもしれませんが、歳を取るとそれだけ認知症のリスクが高まります。

現社長が認知症になってしまうと、経営がストップしてしまうので、株式が持つ権利のうち、議決権だけは後継者に受託してもらうわけです。こうしておくと、たとえ先代が認知症になっても、後継者が経営を行うことができます。

イメージとしては、株式が持つ議決権と配当権を分けるというもの。

- **委託者**：経営者
- **残余財産・配当権**：経営者
- **議決権**：後継者

と設定しておくと、現社長が認知症になっても、後継者が経営を続行することができます。

また、財産についての権利は経営者に残ったままですから、贈与課税もありません。

5 事業承継税制を活用する

事業承継税制は、後継者が中小企業（非上場企業）の株式を相続や贈与で引き継いだ際、一定の手続きを経て事業承継の際の相続税・贈与税の納税が猶予および免除される制度です。

この事業承継税制には「一般措置」と「特例措置」の２つがあります。特例措置については、事前の計画策定等や適用期限が設けられていますが、対象となる非上場株式等の制限（総株式数の最大３分の２まで）の撤廃や、納税猶予割合の引き上げ（８０％から１００％）がされているなど、有利なものとなっています。

事業承継税制を活用する際には、注意点もあります。納税が猶予される期間が非常に長いことです。その間に、この税制を適用できなくなる事情があり、取消事由に該当してしまうと、猶予されていた納税額に利息額を合わせて納税しなければいけません。

複雑な制度ですから、先々のことまで見越して、専門家に相談したうえで活用するかどうかを検討しましょう。

一般措置と特例措置

	特例措置	一般措置
事前の計画策定等	**5年以内の特例承継計画の提出** (平成30年4月1日から令和5年3月31日まで)	不要
適用期限	**10年以内の贈与・相続等** (平成30年1月1日から令和9年12月31日まで)	なし
対象株数	**全株式**	総株式数の最大3分の2まで
納税猶予割合	100%	贈与:100% 相続:80%
承継パターン	複数の株主から**最大3人の後継者**	複数の株主から1人の後継者
雇用確保要件	弾力化	承継5年間平均8割の雇用維持が必要
事業の継続が困難な事由が生じた場合の免除	あり	なし
相続時精算課税の適用	60歳以上の者から**20歳以上の者**への贈与	60歳以上の者から20歳以上の推定相続人(直系卑属)・孫への贈与

納税猶予が免除になるケース例

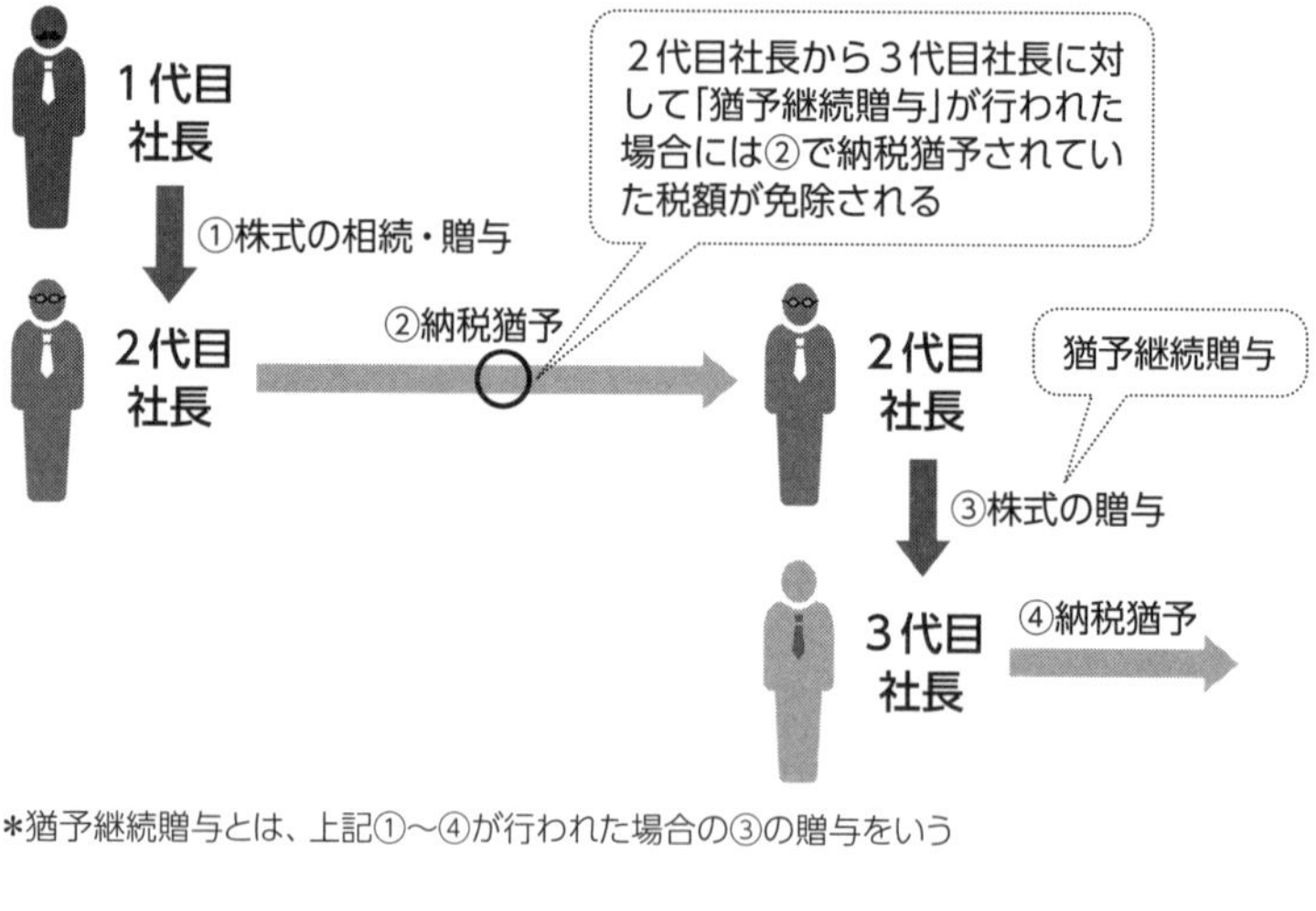

*猶予継続贈与とは、上記①~④が行われた場合の③の贈与をいう

実例 Interview

息子への承継を実現

乙川畜産食品株式会社
乙川 三郎会長

社員数 承継時：20名 現在：43名
本社 東京都港区
業務内容 食品卸売業務
創業 1975年 承継 2011年

物心ついた頃から意識させていた

息子の隆之には、まだ小さい頃から、「大きくなったら後を継いでくれ」と繰り返し話していました。本人もそれが当たり前だと感じていたようで、他の仕事に就くことは考えたことはなかったようです。大学へ進学するのも「会社を継いでくれるなら」が条件でしたしね。

大学を卒業した後は、関西にある知り合いの同業者に修業に行かせました。3年ぐらいですかね。25歳になった頃、自社に呼び戻しました。

当時はもちろん平社員です。まずは現場を経験してもらう必要がありますから、営業を中心に仕事を覚えてもらいました。もちろん、まだ若いので、後継者候補といっても先輩や上司に学びながらですよね。

一通りの仕事を覚えたかなと感じるまでに10年ぐらいはあったと思います。その頃に専務という肩書きを与えました。

承継のタイミングは話し合いで

承継の話を始めたのは、私が68、69歳、息子が39、40歳の頃でした。正直にいうと、息子の仕事ぶりに100%満足していたわけではありません。頼りないと感じることも多々ありました。

それでも、もう私は68、69歳ぐらいになっていましたから、できるだけ早く引き継いだほうがいい。あと数年なら私も経営者としてやっていけたでしょうが、むしろ「まだやれる」と思うぐらい元気なときに譲ったほうが、万が一のときにもサポートもできると考えました。

ただ、息子は社長就任に前向きではありませんでした。自分より長く勤めている社員もいますから、気をつかった部分もあるのかもしれません。息子は40歳になっていましたが、完全に自信を持つことがむずかしかったのかもしれません。

なんだかんだ、1年間ぐらいは「そろそろ引継ごう」「いや、まだもう少し」と、タイミングを話し合っていたように思います。その間、「思い切ってやってみろ」「大丈夫だ」というメッセージは伝え続けました。

承継後に新規事業

承継後、卸事業のほかに、飲食店事業、通販事業を立ち上げています。卸売事業で培った品質にこだわった仕入れを活かした事業ですね。「上質な肉を、適正な価格で多くの人に召し上がってほしい」という自分の考えは、幼少期から伝えてきました。その想いを息子なりに受け取ってくれたのではないでしょうか。

コロナ禍で飲食業は厳しい面もありますが、事業の柱が3本に増えて、会社にとっては経営強化になりましたし、新規事業にはまだまだ伸びしろがあります。心配はありますが、楽しみのほうが大きいですね。

株は退職金を支給するタイミングで一気に移しました。弊社の場合はベストの方策でしたね。いろんな意味で振り返っても、承継のタイミングはあのときでよかったと考えていますよ。

第 3 章

タイプ別　実務の進め方②

価値算定型

（現社長年齢・高　親族・外）

退職金の支給時期を検討する

価値算定型の代表的な対策は次のとおりです。

・退職金支給時期の検討
・ホールディングス会社の活用（ＭＢＯ方式）（１７７ページ）
・種類株式の導入（１８０ページ）
・自己株式の買取りの検討（１８４ページ）

事業承継が進まない意外なネック

基本的に、相続対策型の後継者は親族ですから、どうやって負担を少なく株式を引き渡すかが念頭に置かれます。そのため、相続がメインの対策になるわけです。

価値算定型

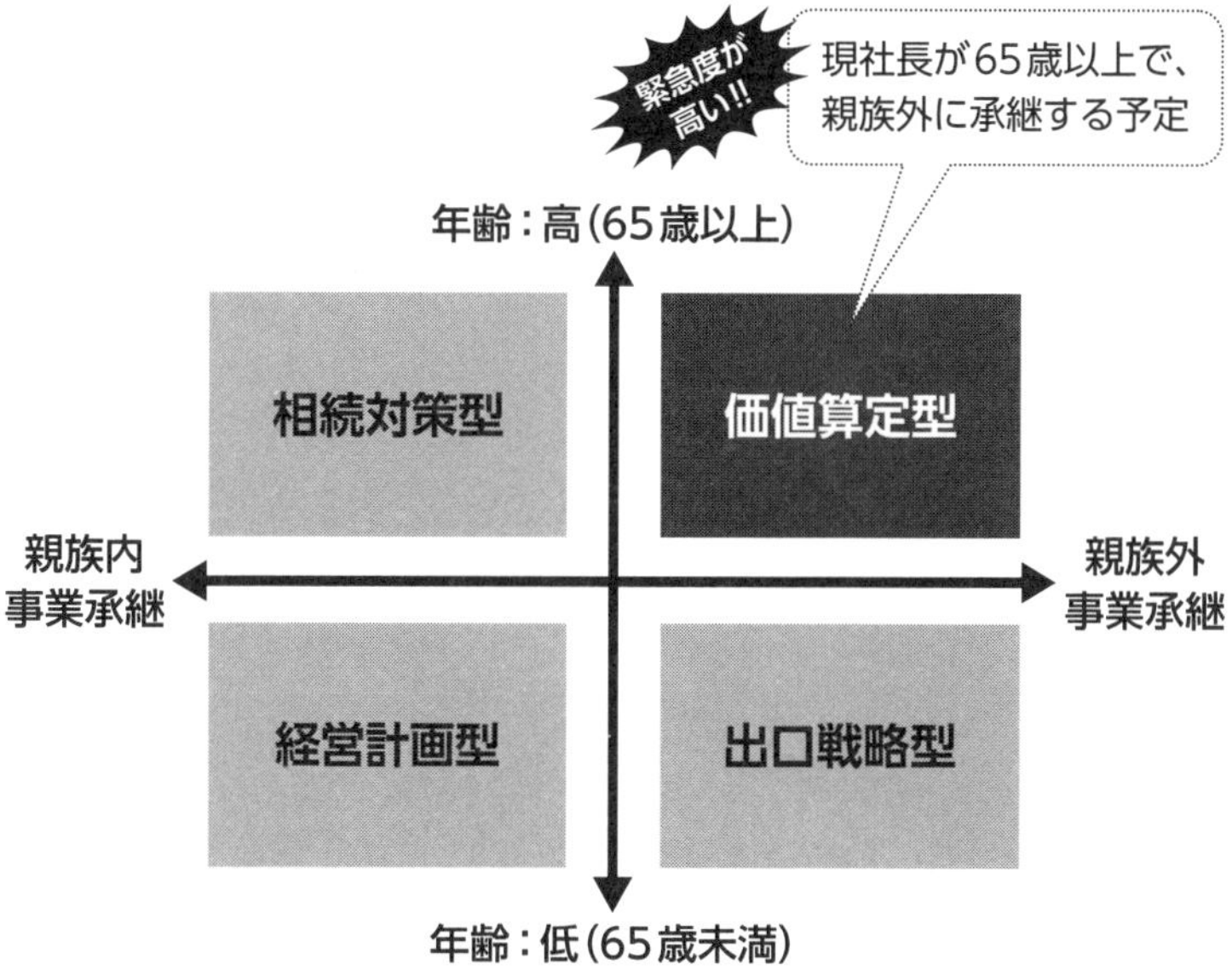

一方、価値算定型は承継先が社員やM&Aによる外部売却など、親族ではない人です。そのため、大きな課題は「自社株式の渡し方」「自社株式の買取金額」になります。

自社株の渡し方・買取金額については、現社長の資産形成に大きな影響を与えます。引退後の生活が成り立つかどうかという大きな問題です。

そのため、「事業承継にあたって、現社長は総額でいくら欲しいのか」を確認する必要があります。〝確認する〟には、現社長自身が算出するという意味と、後継者もその金額を認識するという意味があります。

現社長としては多ければ多いほどよいのは当然ですが、一方であまりに高額だと後継者を苦しめてしまいますし、承継後の会社の経営が資金繰りに影響する可能性もあります。それは現社長も本望ではないでしょう。そのため、現社長に渡すお金と会社に残すお金のバランスを取る必要があるわけです。

シンプルな話ではありますが、**実は意外と事業承継が進まないネックとなる部分でもあります。対面だと言いづらかったり、意見を交わすのが難しかったりするからです。**そのため、お金についてフラットに話すためにも、会計事務所に相談したり、間に入ってもらって三者で話を進めるとよいでしょう。

自社株式の買取金額が決まったうえで、退職金の支給時期を決めて、計画的に自社株式を移動します。代表者の交代時期を定めて、退職金で自社株式の評価額を調整するわけです。

2 ホールディングス会社を活用する（MBO方式）

価値算定型は現社長が高齢なので、後継者が株式の買取り資金を準備する時間も限られるのが大変なところです。

この資金づくりを楽にするためにも、株式の移転コストをいかに抑えるか、また資金をいかに調達するかが課題になります。

後継者が借り入れをして買い取るのがシンプル

株式の買取り資金をどうするかについては、後継者が金融機関に借り入れをするのがもっともシンプルな方法です。後継者は多くの場合、それまで会社に勤めてきた社員もしくは役員ですから、資産を持っていないことのほうが一般的です。そのため、金融機関から借り入れをして、現社長から株式を買い取ります。

ホールディングス会社を設立する

後継者の負担があまりに大きい場合もあります。後継者個人が金融機関から借り入れをできる限度額以上に買取金額が高いケースなどです。

こういった場合には、ホールディングス会社の設立という方法もあります。ホールディングス会社は相続対策型でも活用することがありますが（159ページ）、仕組みが異なります。

価値算定型で活用するのはＭＢＯ方式（マネジメント・バイアウト）で、後継者が元の会社をＭ＆Ａするイメージです。

まず、ホールディングス会社を設立するのは後継者です。後継者を今後支えていく幹部と共同で設立するケースもあります。この新会社は、元の会社（事業会社）の株式を買い取るための法人となります。

なぜ、**このような形をとるかというと、金融機関から資金を調達しやすい**からです。事業承継の資金としてなら、金融機関も融資をしやすいという事情があります。

オーナーにかかる税金も、自己株式取得より安くなるため、譲渡金額を抑えられる可能性があります。

ホールディングス会社（MBO方式）

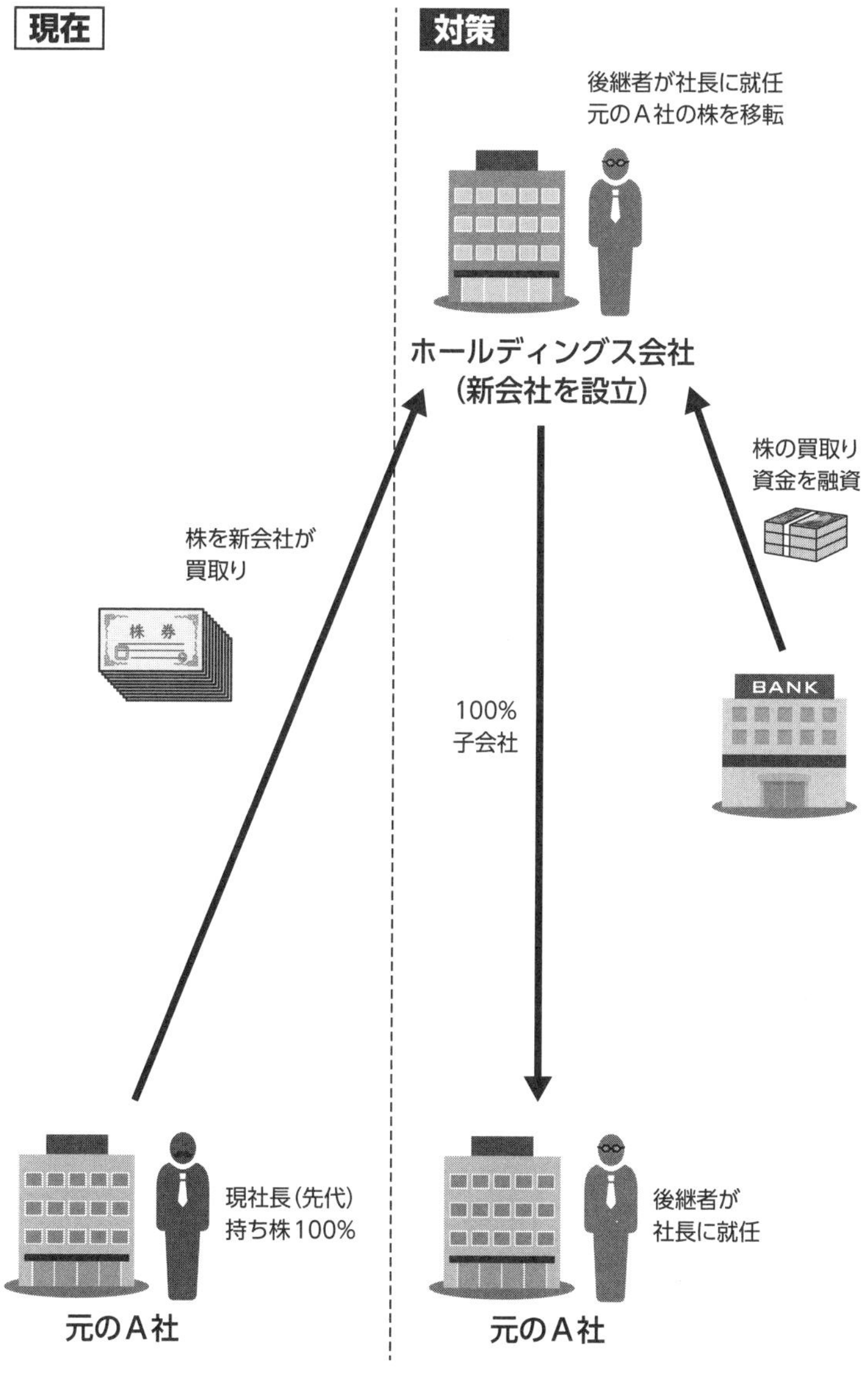

3 種類株式を導入する

前述したとおり、株価の評価額は単一ではなく、誰が取得するかによって変わります。もっとも株価が高く評価されるのが、会社の支配権を所有する人。つまり会社の株式の50％以上（正しくは30％以上から）を持ち、経営権を承継される後継者です。

一方で、それ以外の少数株主は安い評価額になります。ちなみに50％超の人が一人（配偶者なども含めたグループ）いれば、それ以外は全員少数株主になります。大まかに、支配権を持っているグループに属していない人は少数株主と考えて差し支えありません。

つまり、株式の全体の移動コストを抑えるためには、安定少数株主を増やすとよいわけです。

少数株主を増やしてコストを抑えた例

たとえば、額面5万円の株式を、現社長が１２０株持っているとします。実績を出し続けた

種類株式の権利と制限

剰余金の配当	剰余金の配当を他の株式より優先または劣後する
残余財産の分配	会社が解散した際などに残った財産（残余財産）の分配について優先または劣後する
議決権制限	株主総会での議決権に制限を持たせる
譲渡制限	株式を譲渡する際に会社の承認を必要とする
取得請求権	株主があらかじめ定めていた買取価格で取得を請求できる
取得条項	期限などあらかじめ定めた事由が生じた際に、会社が定めた方法で株式を取得できる
全部取得条項	株主総会の特別決議で会社が全部取得できる
拒否権	定められた事項について、株主総会の決議のほかに種類株主総会の決議も必要となる（株主総会の決議を種類株主総会で拒否できる）
役員選任権	取締役・監査役を選任できる権利がある

会社だったので、株式の評価は1株あたり100万円になっていました。

この株式をすべて後継者が買い取るとすれば、1億2000万円（120株×100万円）もの資金が必要です。

このケースで現社長は「総額で1億円でいいよ」と考えているとしましょう。

後継者は会社の支配権を持つため、発行株式120株のうち60株以上は持つ必要があります。そのため、100株を後継者が買い取ることにしました。買取価格は1億円（100株×100万円）になります。

残りの20株は、他の役員や社員が少数株主として持つことになりました。現社長の時代から株式の配当はなかったので、少数株主の株価は額面の

2分の1になります。つまり、他の役員や社員は1株あたり2万5000円で買い取ることができるわけです。合計で50万円（20株×2万5000円）ですみます。

現社長の希望「総額1億円」を満たし、かつ株式の移動コストを1950万円（1億2000万円－1億50万円）も抑えることができました。

少数株主の株式を種類株式にする

さらにこのとき、他の役員や社員が持つ株式を種類株式にします。

種類株式とは、会社の定款で株主の権利に条件をつけた株式のことです。

通常、株主平等の原則がありますから、株主の権利に条件をつけることはしません。種類株式は、権利を限定する代わりに優先的な取り扱いをつけることなどをするものです。

会社法で認められる種類株式には9つあります（前ページ）。事業承継でよく使うのは、「剰余金の配当を優先する」「議決権を制限する」「取得条項を決める」の3つです。

具体的には、少数株主に対して「議決権を制限」させてもらう代わりに、「優先的に配当」を支払うことを約束し、後々、会社を退職するときにトラブルにならないように会社が「取得する条件や金額」を決めておくように設計しておくのです。

前述の場合、後継者は発行株式数１２０株のうち、１００株を持っています。80％強といったところです。しかし、少数株主が持つ株式には議決権がありませんから、議決権ベースでは後継者が１００％になるわけです。安心してその後の経営を行うことができます。

少数株主とはいえ、株を持たせることで後から起きる可能性のあるトラブルを予防していると言えます。一方で、少数株主にとってもメリットがあります。配当については優先的に行ううえ、退職時の買取価格が決まっていると、社員や他の役員にとっても安心です。

種類株式のなかでいちばん認知されているのは、黄金株（拒否権付株式）かもしれません。ざっくりいうと株主総会においての決議事項（役員の選任や報酬、配当の有無など）について、当該株主総会決議のほかに拒否権付株式を保有する株主で構成される種類株主総会の決議を得なくてはならないというものです。

事業承継で後継者に株式を積極的に渡していくとき、現社長に「本当に後継者にすべて任せて大丈夫か？」など迷いが生じることもよくあります。

こうしたなかで、拒否権付株式を現社長が1株持っていれば、万が一、後継者が暴走するようなことがあってもその議案については拒否することができます。安心して株式を承継することができるのです。現社長は数年こうした体制で後継者を見守りながら最終的には拒否権付株式を無効にしていけばよいわけです。

4 自己株式の買取りを検討する

株式の引き継ぎや集約の方法には、発行会社自らが発行済み株式を買い取る「自己株式」の取得というものもあります。

シンプルに考えれば、後継者が個人で現社長の株式を買い取ればいいということになりますが、これはそうそう簡単なことではありません。前述してきたとおり、中小企業の非上場株式は容易に換金することができません。個人で借入をして株式を買い取ると、その返済原資は給与報酬ということになります。

返済原資を確保するためには、役員報酬を増額することになりますが、個人の所得税は累進税率という制度をとっています。収入が増えれば増えるほど税金の税率が上がる（最高55％）ため、返済原資を確保するためには役員報酬のかなりの増額が必要となり、会社の損益の足かせになるケースもあります。

会社が買い取って金庫株にする

そのため、会社の発行済み株式の一部を会社自らが買い取り、金庫株にすることで株式の発行済み数を減らすことも考えられます。これだと、後継者が支配権確保に必要な株式数を減らせるわけです。

たとえば、発行済み株式数が100株で1株あたりの株価が10万円の法人があったとします。当初は現社長が80株、後継者が20株所有していた状況でした。

ここから後継者が16株追加で買い取り、さらに30株の自己株式取得を行った場合、後継者の議決権は51%となります（現社長34株：後継者66株）。つまり、後継者は36株の取得で50%超の議決権を確保したことになり、株式の購入資金は当初よりは抑えることができます。

ただし、現社長が「自己株式」として会社に売却した場合と後継者（個人）に売却した場合では、税金計算方法が異なる点には注意してください。

・後継者（個人）に売却した場合

売却差益が譲渡所得となり、20%（復興税率を除く）の分離課税となる

・自己株式として会社に売却した場合

取得資本金等を超える金額は配当所得となる。配当所得は総合所得なので給与などの他の所得と合算した所得金額に応じて税率が適用される。税率が高くなる傾向にあるので注意が必要

自己株式取得は総合課税（他の所得と合算すること）のため、給与などの収入が高いと必然的に総所得が高くなります。所得税は累進税率のため、収入が高いほど税率も上がります（最低税率は15％で最高税率は55％）。

一方で、譲渡所得は分離課税（他の所得と合算する必要がない）で一律20％です。そのため、他の収入がなく、かつ株式を少数保有している場合は、分離課税の20％よりも安くなる可能性があります。つまり、会社が買い取ったほうが手取りが増えるケースもあるということです。現社長の親族が、給与など他の収入が少ない場合には検討してみるとよいでしょう。

実例 Interview

親族外で承継した三代目

株式会社エイコー
西谷 元晴社長

社員数 承継時：45名 現在：49名
本社 東京都墨田区
業務内容 プライズ景品、低価格玩具販売等
創業 1971年 承継 2012年

社長就任は冗談だと思っていた

転職活動をしているときにたまたま見かけた募集要項に応募して入社したのは1990年のことです。24歳でした。当時は創業者の辻谷博男が社長で、面接も社長だったことを覚えています。当時はレストランのお子様ランチにおまけとしてつくおもちゃを販売していました。最初は営業で、企画開発する部署を立ち上げたこともあります。

2004年には、二代目である平岡秀比古が社長に就任する承継が行われました。このときも親族外です。私が役員になるのはその翌年なのですが、40歳ぐらいになった頃から、先代の平岡に度々「次はお前だぞ」と言われるんですよ。平岡が65歳ぐらいだったと思います。

ただ、自分は冗談だと思っていて、聞き流していたんですよ。役員として気を引き締めてがんばれ、という意味だろうと軽く考えていました。先代が本気だと気づき始めたのは、だんだん「次はお前だぞ」と言うときの表情が真剣になってきたからです。先代も創業者の親族ではなく、社員のなかから選ばれているのですから、次もそうなってもおかしくはないんですよね。

引き継がれる精神

後継者として私が指名された理由はよくわかりません。思い当たることといえば、企画畑が長いことでしょうか。弊社は企画によって売上が左右されますから。営業経験もありますしね。

社長就任後、先代は会長に就任しました。2年間並走期間がありましたね。私に苦言したいことは多々あったと思いますよ。いつも我慢しているように見えましたから（笑）。でも、周りには「西谷に聞け」と、私の判断を優先するように言っていただいて、ありがたかったですね。

私は創業者とも二代目とも仕事をする機会がありました。弊社が大切にしているのは「共に喜ぶ」です。二人とも、お客様、お取引先様、社員と共に喜べる企業を目指していました。自社だけが儲けるのではなくてお取引先様と一緒に儲けを出せるような仕事をする。会社に利益が出たときには社員に決算賞与を出すといったことを積極的にする経営者でしたね。その想いは私にもたっぷり引き継がれていますし、永遠に大切にしていきたい。

次の5年、10年で私も社員の中から後継者を探していくことになります。その際も、「共に喜ぶ」ことができる人が絶対条件です。

財産権の承継と今後

株は、創業者が持っていた別会社を持ち株会社として活用し、私が筆頭株主になる形で承継しました。

現在は、お子様ランチのおまけを中心としたセールスプロモーション事業をはじめとして、ゲームセンターのおもちゃなど3事業で会社を支えています。今後はさらに事業の安定化を目指して4本目の柱に挑戦中です。

次の承継に向けては、金融機関の融資の連帯保証を外しました。四代目に引き継ぎやすくなると思います。

第 4 章

タイプ別　実務の進め方③

経営計画型

（現社長年齢・低　親族・内）

1 暦年贈与と種類株式を検討する

経営計画型の強みは、実際に承継するまで多少、時間に余裕があることです。緊急度が低いため、事業承継を長期的な視点でスケジュールできます。主な対策は次のとおりで、すべて中長期的な財産移行、税負担コストの軽減を見据えるものです。

- 暦年贈与の検討／種類株式の導入検討
- ホールディングス体制の検討（分社型分割）（194ページ）
- 中小企業投資育成制度の活用（198ページ）

毎年110万円分の株式を引き継いでいく

暦年贈与とは、贈与税の基礎控除年間110万円を利用した贈与の方法です。贈与税は、1

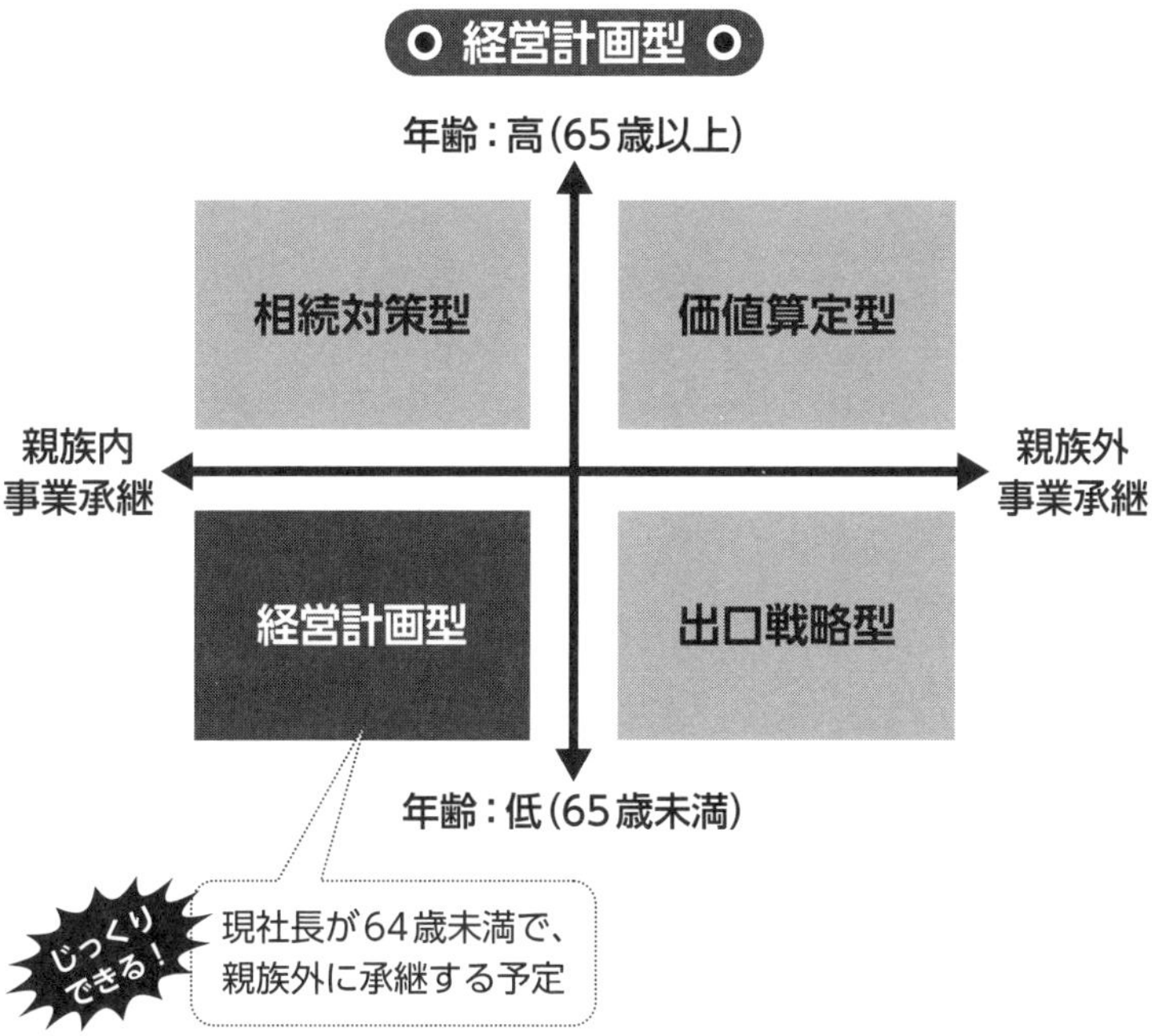

人の人が1年間（1月1日〜12月31日）に贈与された財産の合計額に課税されますが、基礎控除額として110万円があります。たとえば1000万円の贈与をした場合、890万円（1000万円－110万円）となります。

つまり、110万円までならば、贈与税がかからないということ。これを利用して、毎年110万円分の株式を後継者に贈与していくわけです。

仮に10年暦年贈与を続けると、1100万円分の株式を移転できますので、意外と効果を発揮します。

この際の株式の評価は原則的評価です。親族なので会社の支配権を持つグループ内での移動だからです。注意が必要なのは、この評価額は毎年変わるということ。株価は毎年、変動しますから、それに伴って移せる株式数が変わってきます。

基本的には110万円分という枠は変わらないため、株価が下がれば移動できる株式数が多くなり、株価が上がれば移動できる株式数が少なくなります。

暦年贈与は種類株式で行う

暦年贈与ができるのは、現社長がまだ若く、承継までに時間があるからです。ということは、後継者もまだ若いということ。実際、暦年贈与を始める時点では、後継者の決め手に欠ける状態だったりします。

まだ若くてスキルを見極められないという理由だったり、後継者候補が定まりきれていなかったり。長男と次男のどちらに承継するかを迷うケースなどがこれにあたります。

そのため、暦年贈与で移転させる株式は種類株式にして無議決権にしておけば、経営権に影響を与えません。たとえば「長男に継がせる予定だったが、むずかしそうなので社員が承継することになった」などという場合にも、長男が持っているのは無議決権ですので後継者が会社を支配することができます。

同時に、長男は財産権を引き継ぐことができます。

ポイントは、**暦年贈与をする前に種類株式を規定しておく**ことです。

種類株式は比較的自由に規定できるため便利ですが、株主平等の原則に反する存在でもあります。


会社経営は基本的に株式数の過半数で決断ができますし、定款変更も株式数3分の2以上で可能になります。ただし、種類株式の変更は「全株主の同意が必要」という事情があります。株主平等の原則に反しないようにこう定められているわけです。

そのため、株が分散した後で種類株式を導入するのは多少めんどうです。その点、**現社長が株式を集約しているうちであれば、導入しやすい**と言えます。

仮に100株発行している会社なら、50株を無議決権に変えて、暦年贈与で引き渡したとしても、現社長の議決権は100%のままとなります。

2 ホールディングス体制を検討する（分社型分割）

ホールディングス会社の活用も考えられます。今後の多角化経営を見据えた会社体制の再編というイメージです。会社分割に近いかもしれません。

チャレンジする体制を作る

経営計画型は、現社長も後継者もまだ若いので、承継までに時間があります。その時間を使って、後継者には十分な経験を積ませることが可能です。

経験のなかでも何より大切なのは、経営の経験です。事業承継をする前に事業を任せながら、後継者としての教育を行います。

とはいえ、まだ若い後継者にいきなりすべてを任せるのはリスクがあります。そのため、子

ホールディングス会社

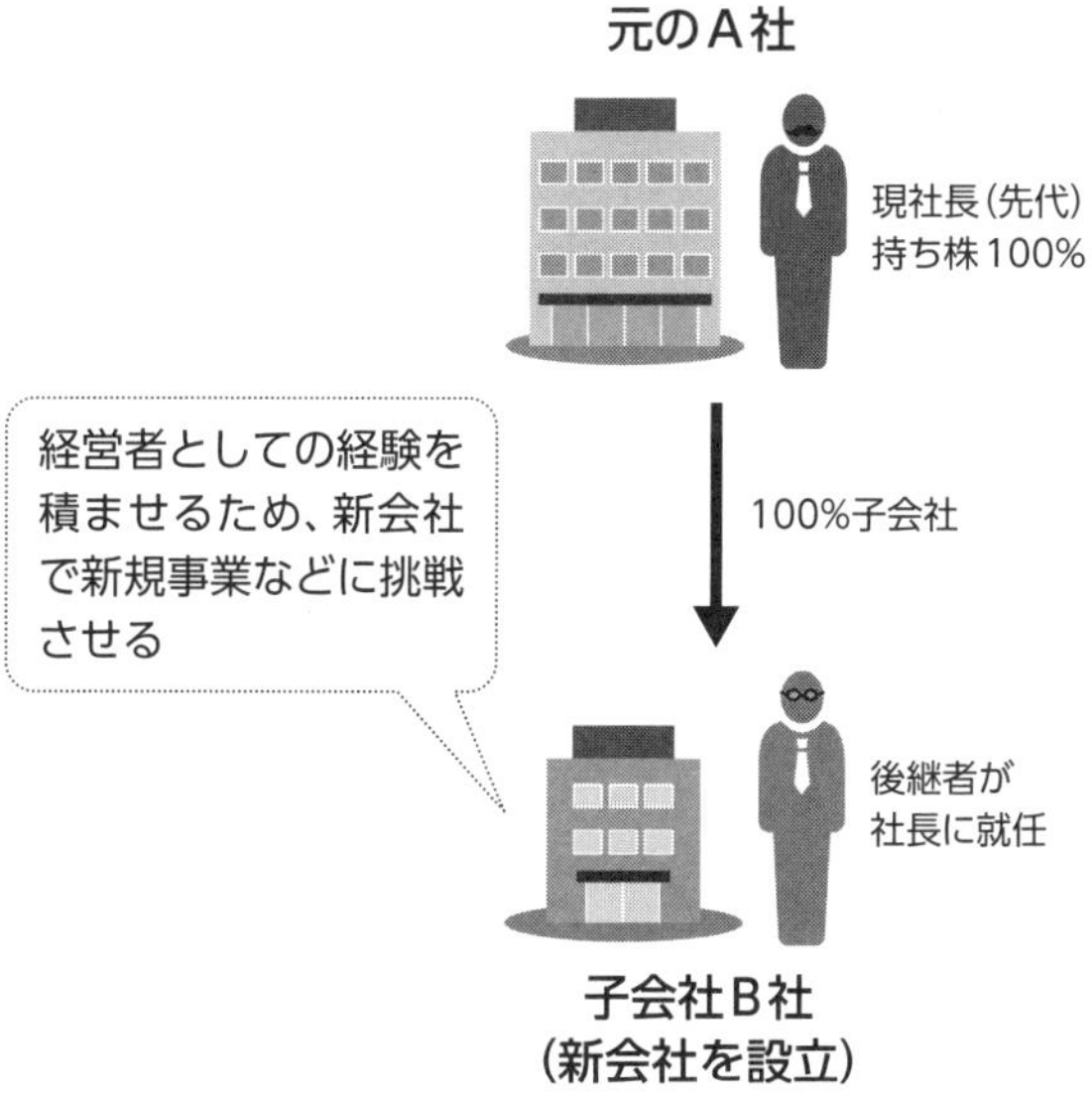

会社を作って事業の一部を任せる、または新事業を任せるわけです。何かのフランチャイズに加盟して、その事業を展開するための会社を設立するなどがよく取られる手法です。

ポイントは、**この事業会社には資産を持たせない**ことです。たとえば不動産などは持たせない。

会社経営には貸借対照表に関係してくる不動産などの資産管理や財務の経験が不可欠ですが、これは一段階高い経営ノウハウです。経験の浅い後継者にはまず損益計算書、売上と利益の部分で責任を持たせ、経験をさせます。

たとえフランチャイズであっても、そのなかでどう売上を上げていくのか、どう人材を活用していくのか、どうすれば利益が最大化するのかなどを現場で経験させるために、会社を設立し、事業を切り分けるわけです。

事業会社を複数設立して再編する

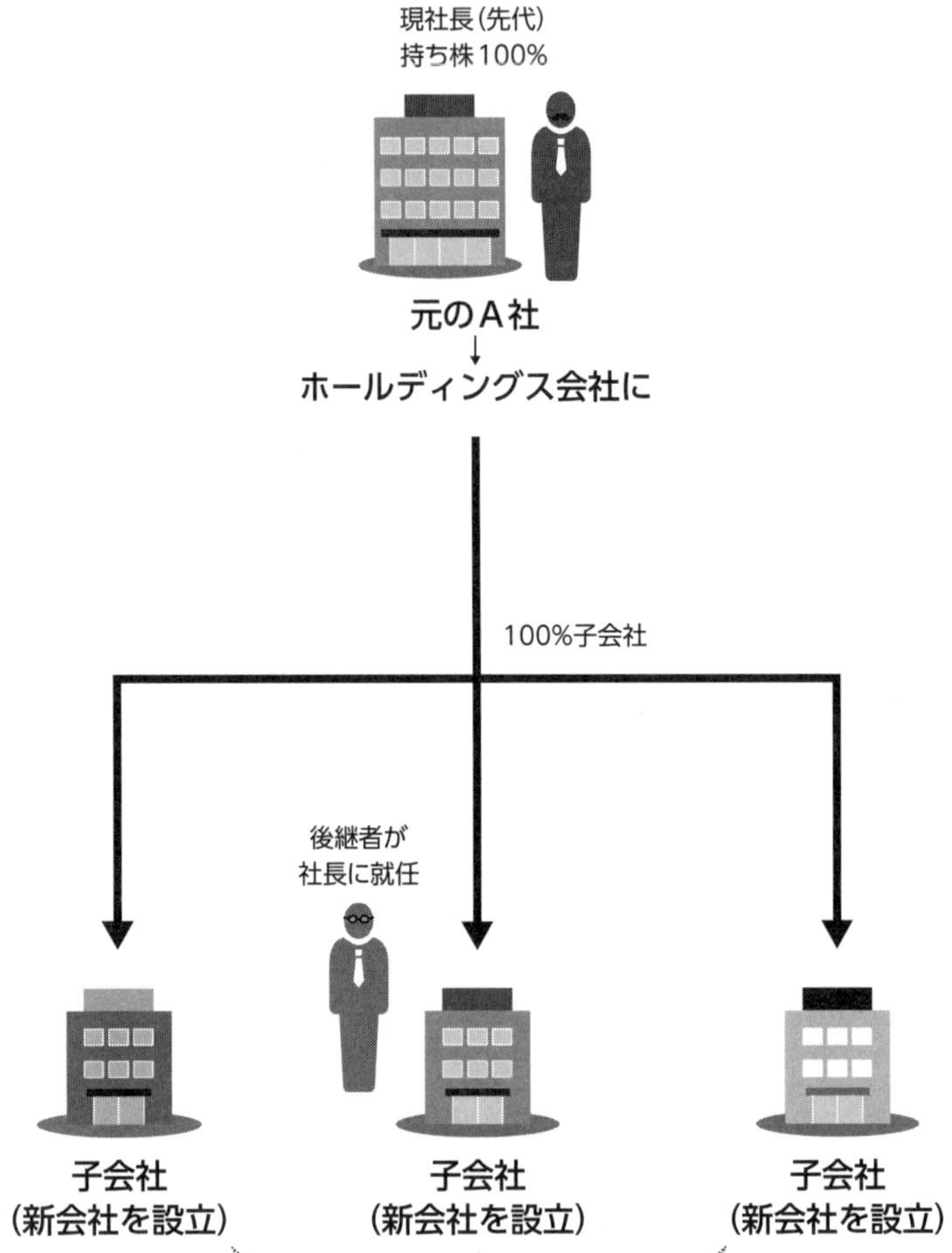

新規事業の立ち上げごとに子会社を設立、同時に元のＡ社が担っている事業を分割して、子会社に移行する。元のＡ社はホールディングス会社になることで、グループの再編を行う。後継者候補が複数いる際には子会社に分けて社長に就任させたり、有力な後継者候補にグループ会社各社の経営を経験させてもよい

ります。

この事業が発展できれば、後継者の実績となりますし、将来の多角化経営の足がかりにもなります。

相続対策型（159ページ）、価値算定型（177ページ）のホールディングスは、事業会社の上にホールディングス会社を設立するイメージでした。対して、この経営計画型は下に子会社を設立するイメージです。

新子会社が元の会社の子会社で、新規事業をしたり、事業分割して子会社に担当させたりします。

副次的には、株価の上昇を抑制する働きもあります。というのも、元の事業会社と新会社で収益が二分化されるからです。仮に新会社の経営が順調でも、元の会社の株式を上げる効果は限定的だからです。

また、後継者の候補が複数いる場合などは、子会社を複数設立して、事業を分割する方法もあります。

3 中小企業投資育成制度を活用する

中小企業投資育成とは、公的機関が中小企業に投資する制度です。いわゆるベンチャーキャピタルを国が運営しているイメージです。中小企業投資育成株式会社という国の政策実施機関が、中小企業の株式を購入することで投資しています。

一般的なベンチャーキャピタルは、株式を購入した会社が成長して株価が上昇したときに外部に株式を売却することで儲けを上げます。いわゆるキャピタルゲインです。

一方、中小企業投資育成はキャピタルゲインを目指していません。特徴は以下の3つです。

①長期安定株主として支援

中小企業を支援し、健全な経営をしてもらうことを目的としているため、外部の安定株主となってくれます。

②経営の自主性を尊重

基本的に議決権の行使は社長の意向に沿って行いますので、経営には関与してこない、外部の持ち株会のような機能があります。役員派遣なども行いません。

③経営の相談相手

中小企業投資育成株式会社はキャピタルゲインではなく、配当を目的としていますから、長期にわたって経営のよき相談相手になってくれます。

中小企業としては、後継者に渡す株式数が減れば減るほど、また1株あたりの株価が下がれば下がるほど負担が楽になります。中小企業投資育成株式会社は国の公的機関なので、非常に安い価額で株価の引き受けが可能です。結果として持ち株評価が下がりますので、その後の株式の移動が楽になります。

わかりやすく極端な例でいうと、100万円の株を1株しか発行していない会社があったとして、中小企業投資育成株式会社が1株5万円の出資をします。そうすると株式の総価値は2株で105万円です。

平均すると1株あたり52・5万円（（100万円＋5万円）÷2）となり、株式の単価が薄

中小企業投資育成株式会社の役割

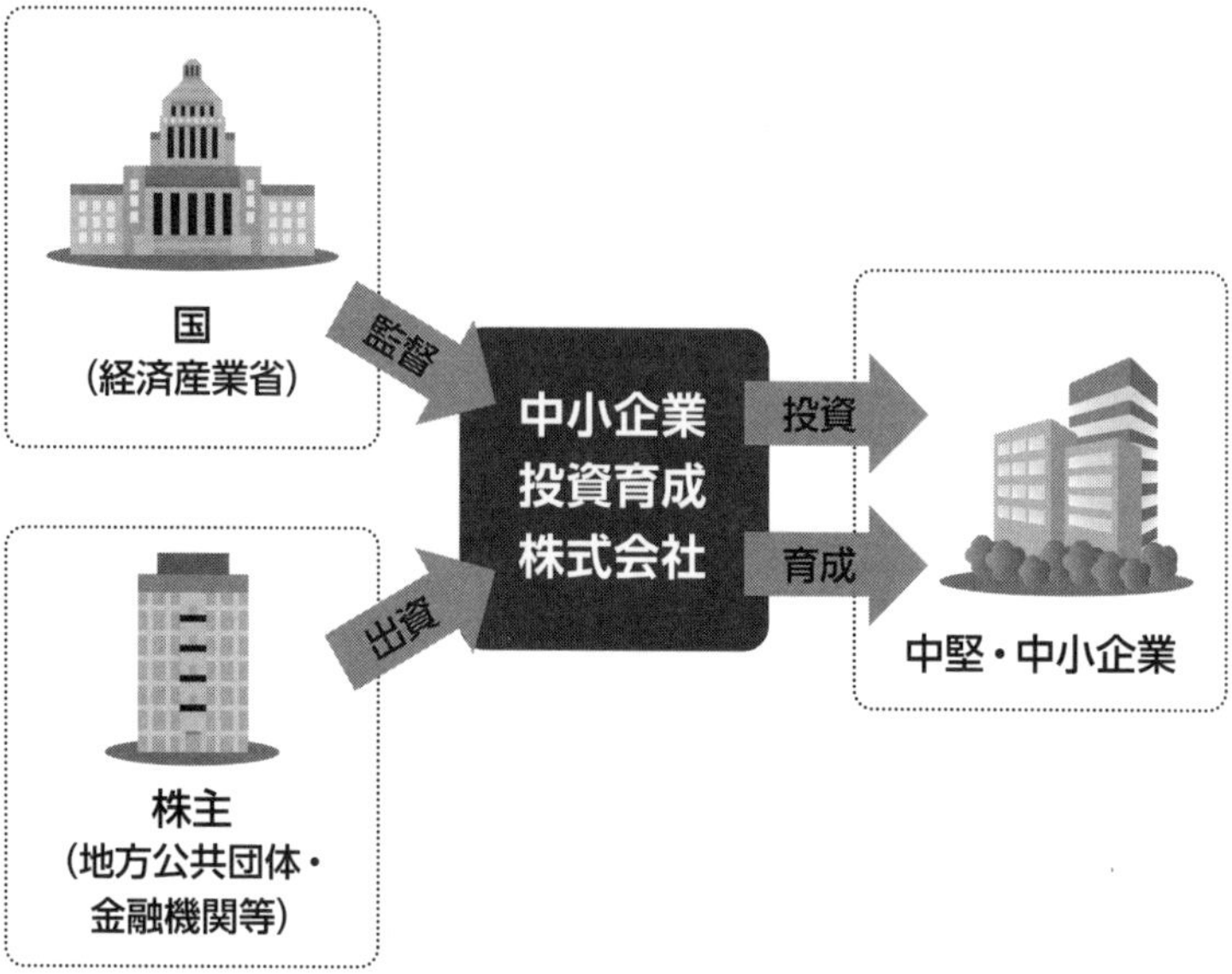

まります。これまで100万円かけて親族に渡していた株式が52・5万円で渡せるようになるため、移動が楽になるわけです。下がった47・5万円分を節税できたと考えられます。

デメリットを挙げるとすれば、外部株主ができるため、事務的な手間が増えることや、配当コストがかかることです。

ただし、事務作業が多少、煩雑になるのは、健全な経営、クリーンな経営と表裏一体ですから、その意味ではメリットと言えなくもありません。

実例 Interview

父が起こした会社を第二創業

スズキ機工株式会社
鈴木 豊社長

社員数 承継時：10名 現在：17名
本社 千葉県松戸市
業務内容 産業用自動機械の設計・製作等
創業 1976年 **承継** 2007年

会社を継ぐつもりはなかった

技術者だった父が自分の腕を試したいと独立したのが弊社の始まりです。一斗缶を作る製缶メーカーから機械のメンテナンスを請け負うことからはじめ、製缶機械の開発・販売にも手を広げていました。日本の高度経済成長期とともに会社も成長していきました。

風向きが変わったのは1991年バブル崩壊以後です。株や土地の投資に手を出していたわけではありませんが、一斗缶の価格破壊が始まったのです。一斗缶はJIS規格製品のため差別化が難しく、価格競争が始まってしまうと製缶メーカーが次々に倒産・廃業していきました。製缶メーカーから仕事を請け負う弊社がそのあおりを食らうのは当然の流れです。

その頃、私は大学の経済学部を卒業し、食品商社の営業マンをしていました。父から「家業を手伝ってほしい」と言われたときは驚きましたが、厳しい未来を肌で感じて、社員やその家族のために経営立て直しを求めたのでしょう。それなりの規模の会社で安定した生活を送っていた私でしたが、すぐに退社を決意しました。28歳のときです。

父との衝突を超えて

外の会社で働いた経験を持つ私には、一斗缶業界には明るい兆しがまったく見えませんでした。一方、父は厳しさを感じてはいるものの、自分が立ち上げた事業、自分が生きてきたフィールドですから、あっさり捨てることができません。父は「一生懸命仕事をする」ことを信条とするがんこで真面目な職人です。

「沈んでいく船に乗ったまま溺れるより、沈む前に新しい船に乗り換えよう」と言う私と父がぶつかった回数は数え切れません。私がいくら話をしようとしても、耳を傾けてはくれませんでした。

正直、何のために会社を辞めてきたのかと思うこともありましたし、うんざりしたことも多々あります。ただ、私がそこでヘソを曲げてしまえば、古い船に乗り続けるしかなくなってしまいます。「自分が新しい船を探すしかない」と、何とか奮い立たせていました。

背に腹は変えられない状態で、私が頼ったのは元の会社でお付き合いのあったお客様です。退職時にあいさつ周りしたとき、「そういう事情なら、うちの仕事をやってみろよ」と声をかけてくれていました。弊社は一斗缶ひと筋の会社でしたが、機械製造でノウハウが活かせる部分もありました。会社としても初めての仕事をなんとかこなしました。私も技術については素人でしたが、夜な夜な勉強しながら、失敗しながら、お客様のオーダーに応えていったのです。

創業事業が消滅する

こうして出た事業の芽は、少しずつ広まって新規のお客様も増えていきました。大手企業のお客様とお付き合いが始まり、お客様がお客様を紹介してくださることも多く、これまでの弊社ではないペースで新規顧客が増えていきます。右肩下がりの一斗缶の売上と私が開拓してきた売上がクロスして、逆転を始めたわけです。

この頃には父も社員も一斗缶業界から別の世界に飛び出しても生きていけると認識するようになっていたようです。私の技術知識も固まりつつありました。常務に就任したのもこのタイミングで、34～35歳ぐらいのときです。

覚悟を持って会社を引き継ぐ

私の入社は、会社の存続をかけたものでした。事業承継など考える余裕はまったくない状態のときです。しかし当時から「自分がやるしかない」と強く思っていましたし、将来的に社長に就任する覚悟はありました。

父がどう考えていたのかはわかりません。私は父が興した事業ではないことで会社を安定させたのですから、嬉しさと寂しさが同居する複雑なものだったのかもしれませんね。

一斗缶製造メーカーの最後のお客様が倒産したのは２００７年です。父が63歳、私が38歳のときでした。父が興した事業の売上が０になったからか、「お前の時代だ。お前が社長をやるほうがいい」と父に言われました。「営業の場、交渉の場では、常務と社長ではまったく違う。会社のために、お前には社長の肩書きが必要だ」と。職人だとばかり思っていた父が、経営者の目線で判断したんですね。

両親には当時の会社としては背伸びした退職金を支払いましたよ。ハッピーリタイアだったはずです。株の引き継ぎは社長就任後に行いました。私は３人兄弟でしたから、それ以外の財産は何もいらないから、会社の株だけは１００％自分にしてほしいと伝えました。当時は債務のほうが多いような会社ですから、毎年、暦年贈与の範囲内で私の名義に書き換えていきましたね。最後の２０００万円は私が買い取ったので、両親の老後資金を加えたことになります。

おわりに〜社長退任は仕事人生の終わりではない

事業承継ができるのは、喜ばしいことです。長年、激しい競争を勝ち抜き、会社を成長させてきた社長だけに許される晴れの舞台とすら言えるでしょう。

一抹の寂しさを覚える気持ちはよくわかります。これまで我が身を捧げてきた仕事です。社長として〝今〟を作った自負もあるでしょう。

しかし、実は事業承継は社長の引退式ではありません。会長職という新たな仕事が待っています。

事業承継したら即、すべてを後継者に託すわけではありません。会長は、ちょうど社長のプロデューサーのような存在でしょうか。

後継者を立派な経営者に育てる役目、サポートする役目があります。後継者が未来を創りやすい環境づくりも会長の仕事です。当初は、後継者と手を取り合って未来を創っていくことも必要でしょう。

つまり、事業承継は〝終わり〟ではなく〝始まり〟。会社の新しいスタートでもあり、社長の会長としてのスタートでもあるわけです。

これから、先の見えない時代が待っています。技術革新も、事業環境も、これまでとは想像できない時代になるでしょう。事業承継は待ったなし。手遅れになる前に、事業承継を急いでください。

後継者には、スキルも、経験も足りないかもしれません。それでも、若さは抜擢の理由です。若さは、これからの時代を乗り越えるために必要なものです。

人生をかけて、ここまで育ててきた会社です。自分を本当に理解してくれる人ならば、生涯を共にすることができるでしょう。立派に会社の命を永くしてくれるはずです。

共に未来を創るパートナーとしてその人に事業承継を急ぐことが、社長としての最後の大仕事になります。

共同監修者紹介

中小企業の事業承継を支援する士業の会

菊地《きくち》　克昌《かつまさ》／髙橋《たかはし》　琢磨《たくま》

代表社員・税理士・事業承継マネージャー

事業承継は株価や税金のようなお金の話だけではありません。私達は先代の想い・志・理念を承継すること、会社で働く従業員の皆様の安心と未来こそが最も大切だと考えます。経営計画書作成支援により理念・使命感等の策定と引き継ぎを行い、スキームを考案し、体制を整え、安心の事業承継を実現します。

竹田・菊地税理士法人

〒020-0022　岩手県盛岡市大通三丁目6番12号　開運橋センタービル5階
TEL：019-623-1361　FAX：019-623-1364
E-mail：takeda@mountain.ocn.ne.jp　URL：https://takeda-acc.com/

金森《かなもり》　勝《まさる》

代表取締役・税理士

国税庁・東京国税局（広報室長・総務課長・課税第二部次長・日本一大きな渋谷税務署長）の主要ポストを歴任。安心・頼れるをモットーにお客様が求めているものをスピード感を持って解決し、税務の様々な課題に対して国税当局で培った豊富な知識と経験で親切丁寧にサポートさせていただきます。

株式会社タックスコンサルティング／金森勝税理士事務所

〒101-0065　東京都千代田区西神田2-3-2 ハタノビル3F
TEL：03-3221-1200　FAX：03-3221-1203
E-mail：kanamori@e-tax-group.com
URL：https://e-tax-group.com/tax-consulting/
https://kanamorizeirishijimusyo-partners.com/

向田《むかいだ》　恭平《きょうへい》

代表司法書士

「経営者の理念・想い、ノウハウは日本の財産であり、それを次世代に承継していかなくてはならない」という考えのもと事業承継・相続実務を専門に取り組んでいます。経営者と承継者の信条・心情・身上に配慮した事業承継を実現いたします。

社長の想い・経験などを伺えるのを楽しみにしています。

司法書士法人JAPAN-UP

〒151-0051　東京都渋谷区千駄ケ谷5-29-11-602
TEL：03-6300-6872　FAX：03-6300-6874
E-mail：info@japan-up.jp　URL：http://japan-up.jp/

福島《ふくしま》　美由紀《みゆき》

税理士・AFP・代表社員

事業承継にかかわる様々なご不安、悩みを解消し、次の世代への円滑な引き継ぎのお手伝いをさせていただきます。

100年企業の創出をミッションに掲げ、事業の継続的な発展をご支援してきた経験豊富な専門家がサポートいたします！

税理士法人福島会計

〒101-0062　東京都千代田区神田駿河台3-6-1菱和ビルディング3F
TEL：03-3526-2636　FAX：03-3526-2637
E-mail：miyuki27@fukushima-ta.jp　URL：https://www.fukushima-ta.jp/

杉山《すぎやま》　盛重《もりしげ》

税理士・中小企業診断士

一般的な税金計算はもちろん中小企業の経営支援を得意とする新しいタイプの会計事務所です。原理原則に則った正しい経営ができるように経営者様を導き、中小企業の明るい未来を創るお手伝いをする会計事務所です。

杉山盛重税理士中小企業診断士事務所

〒211-0053　神奈川県川崎市中原区上小田中3-23-41　イニシア武蔵新城103号室
TEL：044-789-5079　FAX：044-754-7247
E-mail：info@sugiyamaoffice.jp　URL：http://sugiyamaoffice.jp/

前田《まえだ》　吉彦《よしひこ》

中小企業庁経営革新等支援機関・税理士

経営の承継には専門家のサポートが不可欠です。殆どの会社は様々な成果を得る機会損失をしています。是非、当社に専門家派遣をご依頼ください。経営計画を機軸に事業承継の資金調達・助成金・税務をサポートします。既存の税理士様や金融機関様との連携実績あり。特に中部圏以西で事業承継を真剣に取組むご意向の代表者様はご連絡ください。

前田経営会計

〒500-8167　岐阜県岐阜市東金宝町1-8-2
TEL：058-212-3520　FAX：058-212-3540
E-mail：maeda@maedakaikei.net　URL：https://www.maedakaikei.net/

成田《なりた》　俊弘《としひろ》

税理士・相続手続相談士

事業承継を税務的に解決するには、様々な方法があります。
しかし、それがどんなに有効なスキームだったとしても、現在の社長と後継者との間で経営に対する理念が融合していなければ本当の意味での事業承継は完了しません。当事務所では、会社のDNAをうまく引継いでいけるようお手伝いをさせていただきます。

成田俊弘税理士事務所

〒456-0032　愛知県名古屋市熱田区三本松町12-26　Le Bois De神宮5A
TEL：052-746-5260　FAX：052-746-5261
E-mail：t.narita@naritax-nagoya.com　URL：https://www.naritax-nagoya.com/

兵藤《ひょうどう》　弘隆《ひろたか》

税理士・(公財)日本生涯学習協議会 認定ビジネスモデルデザイナー®

経営計画で儲かる会社作りを支援します。兵藤会計が提供している価値は、数字の見方、読み方、作り方を指導させて頂くことによって現状を把握し、やるべきことを明確化。その上で、それぞれの企業が人を大切にし、理想的な未来を創るためのお手伝いをします。

兵藤会計事務所

〒464-0072　愛知県名古屋市千種区振甫町2丁目60番地の2
TEL：052-722-5881　FAX：052-722-5335
E-mail：info@hyodo-tax.com　URL：https://hyodo-tax.com/

飯田《いいだ》　隆一郎《りゅういちろう》

所長

当社では、経営計画書によって目標と方針を示し、月次決算によって進捗の確認をすることで、目標の達成と社員、組織が成長すると考えています。経営者の伴走者として、決して経営者を孤独にさせないことが、事業承継の本質と考えサポートしていきます。【社長の成績表】を使った無料財務相談から始めて頂くことをお勧め致します。

飯田隆一郎税理士事務所

〒474-0055　愛知県大府市一屋町2丁目219番地　プレジールー屋102
TEL：0562-57-1715　FAX：0562-48-7006
E-mail：may990167@nifty.com

小倉《おぐら》　慎司《しんじ》

税理士・行政書士

平成16年税理士登録後、小倉税理士事務所を令和２年に開業。事業承継の法務・税務のみならず、先代経営者から後継者への円滑な経営承継にも注力し支援をさせていただいております。初回相談から提案書作成までは無料です。お気軽にお問い合わせください。

小倉税理士事務所／株式会社バランス・グロース

〒510-0081　三重県四日市市北町6番20号
TEL：059-353-6522　FAX：059-353-6550
E-mail：of-itta6.so@train.ocn.ne.jp　URL：http://www.balance-g.com/

西川《にしかわ》　弘晃《ひろあき》

税理士

超濃厚な月次決算書と会社がかわる実証済の経営計画書で中小零細企業を強くします。一般的な会計事務所の業務は「過去会計」です。西川税理士事務所が提供しているのは違います。毎月の資料だけでも16枚以上あります。過去会計、税務申告だけでは中小企業が本当に求めているニーズに応えられないのです。

西川税理士事務所

〒556-0003　大阪府大阪市浪速区恵美須西2-14-30　サウスウィンビル9階西2号
TEL：06-6585-9271　FAX：06-6585-9272
E-mail：h-nishikawa@nishikawa-zeirishi.com　URL：https://nishikawa-zeirishi.com/

櫻井《さくらい》　孝志《たかし》

税理士・経営支援責任者・経営計画コンサルタント

事業承継は、貴社の企業経営に登場する一場面です。貴社の規模や歩みなどは、独自のものです。まず、経営の状況やご希望を良くお聞きします。わが社はコンサルティングを通じて、問題を絞り込み、方法やタイミングを適切に判断し、オリジナルなストーリーをご一緒に考えてまいります。

櫻井孝志税理士事務所／合同会社わくコンサルティング

〒540-0026　大阪府大阪市中央区内本町2-4-16　オフィスポート内本町507号
TEL：06-6920-3588　FAX：06-6920-3589
E-mail：wakucon.5m@gmail.com　URL：https://shien-juku.com/sakurai_accounting/

揚《あげ》田《た》　圭一《けいいち》

税理士

月次決算会などを通じて、経営判断と数字の橋渡しや、方針の共有をお手伝いします。

間接部門の経理にも、経営陣･各部門をつなぐ「関節」になって貰います。このような積み重ねを経て、「社長の想いと事業」の承継もお手伝いできれば嬉しいです。

揚田圭一税理士事務所

〒532-0025　大阪府大阪市淀川区新北野2丁目4番23-608号室
TEL：06-6303-7537　FAX：06-6303-7537
E-mail：agtkey.cpta.0324@gmail.com　URL：https://www.kaikei-home.com/agtkey-tcpa

---

作《さく》花《はな》　良祐《りょうすけ》

公認会計士・税理士・経営計画コンサルタント

昭和22年創業の老舗会計事務所で、創業当初からの長期にわたる顧問契約先も多く、事業承継やM&A、組織再編など多数の実績と実務経験を積み、円滑な経営の承継をトータルサポートいたします。

お気軽にお問い合わせください。

公認会計士・税理士　作花経理事務所

〒668-0024　兵庫県豊岡市寿町5番4号
TEL：0796-23-3987　FAX：0796-24-3009
URL：http://www.sakuhana.jp/

安《やす》原《はら》　正剛《まさよし》

税理士

税理士法人エイコーは、中小企業の明るい未来を創造する会計事務所として中小企業の経営者様の支援を行っています。

どうすれば事業が継続して発展していくか、どうすれば後継者に創業者の思いが伝わるか、積極的にお手伝いをしていきたいと思います。私たちと一緒に夢を実現しましょう。

税理士法人エイコー

〒713-8121　岡山県倉敷市玉島阿賀崎2-5-37
TEL：086-526-1345　FAX：086-525-6050
E-mail：info@zei-eikoh.com　URL：https://zeirishi-eikoh.com/

石《いし》井《い》　栄一《えいいち》

公認会計士・税理士

事業承継は相続に関わる人々、従業員やその家族、取引先や取引銀行等にも関係する問題です。また自社株は相続税の対象であるだけでなく、誰が株を承継するかによって会社の命運を決します。弊社は豊富な経験に基づき、お客様の視点で様々な問題を検証し、バランスの取れた「相続・事業承継プラン」をご提案します。お気軽にお問い合わせください。

税理士法人石井会計

〒700-0975　岡山県岡山市北区今八丁目11番10号
TEL：086-201-1211　FAX：086-201-1215
E-mail：ishiicpa@mx4.et.tiki.ne.jp　URL：https://www.ishii-cpa.com/

松本《まつもと》　裕之《ひろゆき》

税理士　経営計画・事業承継コンサルタント

事業承継は、ヒト（現経営者、新経営者、従業員）、モノ（株、自社、取引先、銀行）、カネ（資産、負債）、ビジョン（理念、経営計画）、時間（スケジュール）など、さまざまなことを事前に検討し計画的に進めていかないと成功しません。円滑な事業承継のため次に打つ手を一緒に考えていきます。初回ご相談無料ですので、お気軽にお問い合わせください。

松本裕之税理士事務所

〒730-0851　広島県広島市中区榎町6-3　第3中野ビル3階
TEL：082-208-2923　FAX：082-293-2633
E-mail：info@matsu-tax.jp　URL：http://matsu-tax.jp/

光廣《みつひろ》　昌史《まさふみ》

税理士・代表取締役

創業60年。税理士５名のほか、スタッフ27名在籍。「お客様の夢を実現」を基本理念に、地域に根差しお客様を健全な発展へと導くアドバイザーとして、税務をはじめ経営のあらゆる局面をサポートしています。社長の想いを伝える絶好のチャンス!スムーズな事業承継を支援します。初回相談は無料です。お気軽にお問い合わせください。

光廣税務会計事務所／株式会社オフィスミツヒロ

〒730-0801　広島県広島市中区寺町5番20号
TEL：082-294-5000　FAX：082-294-5007
E-mail：info@office-m.co.jp　URL：http://www.office-m.co.jp/

三重野《みえの》　和敏《かずとし》／惣福脇《そうふくわき》　さな子《こ》

公認会計士・税理士

企業は１つとして同じ条件のものは存在しません。みらいと税理士法人では、お客様と向き合い、お客様のニーズを把握し、お客様にとって最適な事業承継プランをオーダーメイドで策定したうえで、スムーズに事業承継が出来るようご支援致します。貴方の思いを次に引き継ぐお手伝いを致します！

みらいと税理士法人

〒810-0022　福岡県福岡市中央区薬院2-5-3 KKビル401
TEL：092-401-1236　FAX：092-401-1237
E-mail：info@milightms.com　URL：https://milightms.com

中村《なかむら》　公春《きみはる》

公認会計士・税理士

大手税理士法人勤務や金融機関出向にて多数の事業承継対策、相続対策、組織再編を経験しております。当事務所は豊富な知識と経験を活かし、お客様の状況に応じたご提案をおこなっております。事業承継は早め早めの対策が重要です。まずはお気軽にお問い合わせください。

中村公認会計士・税理士事務所

〒810-0073　福岡県福岡市中央区舞鶴3-2-5　アイビル3F
TEL：092-732-7770
E-mail：info@taxconsulting-cpa.com　URL：https://www.shares.ai/site/souzoku-syoukei/

辻本《つじもと》　聡《さとし》
税理士・ファイナンシャルプランナー

当事務所は、お客様の希望（未来）を実現化するお手伝いを行っております。具体的には、【事業計画】・【事業承継計画】・【相続資産承継計画】を作成して、現状の視える化からお客様が希望の実現に向かうお手伝いをしております。

辻本聡税理士事務所
〒810-0001　福岡県福岡市中央区天神1-2-4　農業共済ビル4階
TEL：092-406-8077　FAX：092-406-8079
E-mail：info.tsujimoto@snow.ocn.ne.jp　URL：https://tax-tsujimoto.com/

大阪府

兵庫県

岡山県

広島県

福岡県

【監修者】

飯島彰仁（いいじま・あきひと）

株式会社古田土経営　代表取締役社長
2018年に200名以上の会計事務所を親族外で承継。自らが事業承継経験者であることを活かしながら延べ300社以上の中小企業経営者への事業承継指導実績を持つ。M&Aや保険等、ある特定の領域にとどまった提案が多い中、相談者の状況に合わせて多角的な視点で診断し、総合的に最適なアドバイスができる点を活かして、現在も月20社以上の事業承継を支援している。著書に『事業を継続させる 経営計画の立て方・活かし方』『9割が結果を出す! 小さな会社の脱零細マニュアル』(いずれもあさ出版)。

【共同監修者】

中小企業の事業承継を支援する士業の会

事業承継の専門家として、中小企業の事業承継に関するサポートを行っています。事業を永続させるため、お客様が抱えている問題を一緒になって解決していきます。

【著者】

エッサム

昭和38(1963)年の創業以来、一貫して会計事務所と企業の合理化の手段を提供する事業展開を続けております。社是である「信頼」を目に見える形の商品・サービスにし、お客さまの業務向上に役立てていただくことで、社会の繁栄に貢献します。

※本書の内容は2021年2月時点の情報をもとに作成しているため、今後変更になる場合があります。あらかじめご了承ください。

編集協力／野村佳代（アスラン編集スタジオ）
本文デザイン・DTP ／佐藤純（アスラン編集スタジオ）

社長《しゃちょう》の想《おも》いを引《ひ》き継《つ》ぐ
事業承継《じぎょうしょうけい》の進《すす》め方《かた》

〈検印省略〉

2021年 3 月 22 日 第 1 刷発行

監 修 者――飯島彰仁（いいじま・あきひと）
共同監修者――中小企業の事業承継を支援する士業の会
著　　者――エッサム
発 行 者――佐藤和夫

発行所――株式会社あさ出版
〒171-0022 東京都豊島区南池袋 2-9-9 第一池袋ホワイトビル 6F
電　話　03（3983）3225（販売）
　　　　03（3983）3227（編集）
F A X　03（3983）3226
U R L　http://www.asa21.com/
E-mail　info@asa21.com
振　替　00160-1-720619
印刷・製本（株）シナノ

facebook　http://www.facebook.com/asapublishing
twitter　http://twitter.com/asapublishing

ISBN978-4-86667-267-0 C2034